Anselm Grün/Ramona Robben

Grenzen setzen, Grenzen achten

Das Buch

Leben – statt gelebt zu werden, darum geht es. Denn wer nicht Nein sagen kann, wird krank. Wer immer allen Erwartungen nachkommen will, wird seine Grenzen bald schmerzhaft spüren. Ob in der Partnerschaft, im Beruf, in der Erziehung – für alle Beziehungen gilt: Sich abgrenzen zu können ist wichtig. Viele leben über ihre Kräfte oder über ihre Verhältnisse. Sie merken irgendwann, dass sie ihre Mitte verloren haben. Aber nur wer seine eigene Mitte hat, kann auch über eigene Grenzen hinauswachsen. Anselm Grün und Ramona Robben haben in der Begleitung immer wieder erfahren – und belegen es auch im Verweis auf Weisheitsgeschichten der Bibel und Märchen: Damit Begegnung gelingt, braucht es einen guten Ausgleich von Schutz und Sich-Öffnen, von Sich-Abgrenzen und Sich-Hingeben. Nur wer um Grenzen weiß, kann sie auch immer wieder überschreiten, um auf den anderen zuzugehen und ihm wirklich zu begegnen.

Die Autoren

Anselm Grün OSB, geb. 1945, Dr. theol., verwaltet die Benediktinerabtei Münsterschwarzach. Außerdem ist er als geistlicher Berater und Kursleiter tätig – für Meditation, tiefenpsychologische Auslegung von Träumen, Fasten und Kontemplation. Zahlreiche Veröffentlichungen.

Ramona Robben, geb. 1958, Dipl. Sozialpädagogin, tätig in der geistlichen Begleitung, Leitung von Meditationstagen. Bei Herder Spektrum (zusammen mit Anselm Grün): Finde Deine Lebensspur. Die Wunden der Kindheit heilen – Spirituelle Impulse.

Anselm Grün/Ramona Robben

Grenzen setzen, Grenzen achten

Wege zu einem glücklichen Miteinander

HERDER

FREIBURG · BASEL · WIEN

MIX
Papier | Fördert gute Waldnutzung
FSC® C014496

Taschenbuchneuausgabe 2021

Titel der Originalausgabe: Grenzen setzen – Grenzen achten.
Damit Beziehungen gelingen – Spirituelle Impulse

Hermann-Herder-Straße 4, D-79104 Freiburg

www.herder.de
Bei Fragen zur Produktsicherheit wenden Sie sich an
produktsicherheit@herder.de

Umschlaggestaltung: Verlag Herder
Umschlagmotiv: RRA79/shutterstock

Satz: Barbara Herrmann, Freiburg
Herstellung: GGP Media, Pößneck

ISBN: 978-3-451-03399-5
ISBN E-Book (EPUB): 978-3-451-82620-7

Inhalt

Einleitung

In der Begleitung begegnen wir immer wieder dem Thema der Grenze. Es gibt viele Ratsuchende, die darunter leiden, dass sie sich einfach nicht abgrenzen können. Sie können nicht nein sagen, sondern stehen unter dem inneren Druck, alle Wünsche, die an sie herangetragen werden, zu erfüllen. Sie meinen, sie müssten allen möglichen Erwartungen anderer Menschen entsprechen. Sie haben Angst, nein zu sagen, weil sie befürchten, sich sonst nicht mehr zugehörig zu fühlen oder weil sie denken, Ablehnung zu erfahren, wenn sie etwas verweigern. Andere essen grenzenlos: Sie nehmen ihre eigene Grenze nicht wahr. Und sie leiden darunter, dass sie sich selbst keine Grenze setzen können.

Wieder andere haben die Fähigkeit verloren, sich gegenüber Menschen in ihrer Umgebung abzugrenzen. Ihre Grenzen zerfließen. Sie nehmen sofort wahr, was die anderen fühlen. Aber das ist keineswegs nur positiv. Denn ihre eigenen Gefühle mischen sich ständig mit denen der anderen. Sie sind den Stimmungen ihrer Umgebung ausgesetzt und lassen sich davon bestimmen. Manchmal haben sie sogar den Eindruck, dass sie sich auflösen. So leben sie schutzlos. Wer die Lebensgeschichten solcher Menschen untersucht, merkt bald, dass die Ursachen dafür oft weit zurückliegen. Grenzenlose Menschen haben meist in der Kindheit eine Missachtung ihrer Grenzen erfahren. Solche Erfahrungen sind für die Betroffenen verletzend. Sie tun nicht nur weh, sie haben oft auch problematische Konsequenzen und lang anhaltende Nachwirkungen: Wir brauchen alle unseren Schutzraum. Aber da ist zum Beispiel die Mutter ohne zu klopfen ins Zimmer ihrer Tochter eingetreten, hat in deren Abwesenheit in den Schubladen gekramt oder ihr Tagebuch gelesen. Es zeigt sich immer wieder: Wer in der Kindheit solche Grenzverletzungen erlitten hat, tut sich nicht selten sein Leben lang schwer in seinen Beziehungen. Die Beispiele lassen sich fortsetzen. Was sie alle zeigen: Unser Leben kann nur gelingen, wenn es innerhalb bestimmter Grenzen gelebt wird.

Wie aber gelingt menschliches Leben einer Person, das ja immer ein Leben in Beziehungen ist? Ohne die Fähigkeit, sich abzugrenzen, kann man seine eigene Person nicht wahrnehmen und sein Personsein nicht entwickeln. Schon ein Blick auf die Wortbedeutung deutet das an: „Person" heißt ursprünglich „Maske"; das ist etwas, was ich vor mich halte. Durch die Maske hindurch kann ich Kontakt zum anderen aufnehmen. Das lateinische Wort „personare" heißt „durchtönen". Durch meine Stimme, durch das Sprechen erreiche ich die andere Person, auf diese Weise geschieht Begegnung. Damit aber Begegnung gelingt, braucht es einen guten Ausgleich von Grenze und Grenzüberschreitung, von Schutz und Sich-Öffnen, von Sich-Abgrenzen und Sich-Hingeben. Ich muss um meine Grenze wissen. Erst dann kann ich sie immer wieder überschreiten, um auf den anderen zuzugehen und ihm zu begegnen, ihn in der Begegnung zu berühren und darin möglicherweise einen Augenblick von Eins-Werden zu erfahren.

Begegnung geschieht, so gesehen, immer an der Grenze. Ich muss bis an meine Grenze gehen, bis zum Äußersten, das mir möglich ist, um beim anderen anzukommen. Wenn Begegnung gelingt, sind Grenzen nicht mehr starr und trennend. Dann werden Grenzen fließend, dann geschieht an der Grenze und über die Grenze hinweg Eins-Werden. Aber Begegnung ist nichts Statisches, sondern immer etwas, was im lebendigen Vollzug geschieht. Nach der Begegnung geht jeder in seinen Bereich zurück, bereichert von der Erfahrung an der Grenze.

Der richtige Umgang mit den Grenzen ist für den französischen Schriftsteller Romain Rolland sogar der entscheidende Schlüssel zum Glück, wenn er sagt: „Glück heißt seine Grenzen kennen – und sie lieben." Es geht also in seiner Sicht nicht nur um die Kunst, sich abzugrenzen, oder darum, seine Grenzen zu kennen. Wir sollen sie auch lieben. Das heißt nichts anderes als: Wir sollen einverstanden sein mit unserer Begrenztheit, dankbar sein für die Grenzen, die wir an uns und an den andern erfahren. Der Schlüssel zum Glück liegt darin, sich in seiner eigenen Begrenztheit zu lieben und auch die Menschen mit ihren Grenzen zu lieben. Das fällt nicht immer leicht, da wir von uns lieber Bilder von Unbegrenztheit entwickeln. Doch für Romain Rolland gilt es als ausgemacht: Wer sich mit seinen Grenzen aussöhnt und liebevoll mit ihnen umgeht, dessen Leben gelingt, der erfährt Glück.

Viele Menschen leiden heute an Überforderung. Das kann viele Gründe haben. Ein immer wieder anzutreffender Grund: Überforderte und ausgebrannte Menschen haben ihre Grenze nicht beachtet. Sie leben über ihre Verhältnisse und merken irgendwann, dass sie ihr inneres Maß verloren haben. Ohne das rechte Maß aber gelingt das Leben nicht.

Es gibt aber auch Menschen, für die etwas anderes zutrifft: Vor lauter Sich-Abgrenzen entdecken sie ihre Kraft gar nicht und sie wachsen nie über ihre eigene Grenze hinaus. Im Gegenteil: Sie bleiben in ihrer Enge stecken. Von solchen Menschen sagen wir, sie seien sehr begrenzt. Sie sehen nicht über ihren engen Gesichtskreis hinaus. Sie sind kaum belastbar. Sie sind unfähig, ihre eigenen Grenzen, aber auch die ihrer Gruppe, auszuweiten, um neues Leben zuzulassen.

Wer über das Thema „Grenzen" spricht, wird auch immer wieder mit aktuellen Fragen konfrontiert. In letzter Zeit wird etwa das Thema des sexuellen Missbrauchs zunehmend diskutiert, ein lange tabuisiertes Problem. Auch dabei handelt es sich immer um Nichtbeachtung von Grenzen. Auch unser eigener Körper ist ja eine Grenze, und körperliche Distanz gehört ebenso zu unserem Leben in der Gemeinschaft wie Nähe. Nähe ist dabei immer auch Ausdruck von Vertrauen. Vertrauen kann aber missbraucht und verletzt werden. Unsere Sprache kennt die Formulierung, dass einem jemand „zu nahe kommt", wenn Grenzen überschritten werden. Missbrauch ist vor allem die Versuchung von Menschen, die in einer stärkeren Position sind: von Vätern, Onkeln, älteren Brüdern, von Seelsorgern, Therapeuten, Ärzten und Lehrern. Sie nehmen weder ihre eigenen Grenzen noch die der ihnen Anvertrauten wahr und missbrauchen Nähe und Vertrauen.

Umgekehrt erleben wir freilich in der Begleitung auch Menschen, die unsere eigenen Grenzen nicht wahrhaben wollen. Sie können ein Nein nicht akzeptieren. Sie versuchen, mit allen Mitteln ihre eigenen Erwartungen durchzusetzen. Und sie wollen nicht verstehen, dass auch wir Grenzen haben, die wir nicht ständig ausweiten möchten.

Auch Fragen der persönlichen Lebensgestaltung stehen in einem größeren gesellschaftlichen und politischen Zusammenhang: In einer sich globalisierenden Welt, die immer weniger Grenzen kennt, fällt es den Menschen offensichtlich ebenfalls schwer, zu ihren Grenzen zu stehen. Wir erleben zwar einerseits, wie befreiend es ist, wenn wir etwa innerhalb der EU von einem Land in das andere fahren können, ohne uns den früher oft so langwierigen und unangenehmen Grenzkontrollen unterziehen zu müssen. Auf der anderen Seite erleben wir auch die Gefahren der Grenzaufhebung. Die Identität wird unklar. Durch die offenen Grenzen haben zudem Kriminelle größere Chancen, und es gibt nicht nur einen Zugewinn an Freiheit, sondern es wachsen bei vielen Menschen auch Angst und Unsicherheit.

In einer Epoche zunehmender Beschleunigung und ständiger Wachstumsforderung ändert sich zudem auch das Lebensgefühl. Alles gleichzeitig, alles sofort und jederzeit. So lautet das geheime Grundgesetz in einer Nonstop-Gesellschaft, ein Gesetz, nach dem viele heute leben. Pausenlos jagen die Menschen nach dem Glück oder nach dem, was sie dafür halten. Unsere Zeit leidet an der Maßlosigkeit und Grenzenlosigkeit. Das spürt man nicht nur im privaten Leben, sondern immer öfter auch im beruflichen Umfeld, wo der Druck im schwieriger werdenden wirtschaftlichen Umfeld zu steigenden Belastungen führt, die oft die Grenzen des Zuträglichen überschreiten. Viele meinen, sich immer mehr aufbürden zu müssen, um sich zu beweisen. Oder sie erfahren schmerzlich, wie ihnen von Vorgesetzten immer mehr an Arbeit zugemutet wird.

Für viele gibt es auch keine Zeitgrenzen mehr. Alles lässt sich gleichzeitig erledigen: Beim Reisen telefoniert man, um andere zu informieren, wo man gerade ist. Man lässt sich nicht auf die Fremde ein. Man fährt in die Fremde und möchte doch den Kontakt nach Hause. So verwischen sich die Grenzen. Man überschreitet die Grenze in die Fremde nicht mehr, sondern löst sie auf. Solche Grenzenlosigkeit – in welchen Zusammenhängen auch immer sie auftaucht – tut dem Menschen nicht gut. Häufig macht sie sogar krank. Manche Therapeuten meinen, dass die heute so rapid zunehmende Krankheit der Depression ein Hilfeschrei der Seele gegen die Grenzenlosigkeit sei: Die Depression zwingt den Menschen, sich auf sich selbst zurückzuziehen. Sie soll ihn sozusagen vor dem Zerfließen schützen.

Eine andere Grenzenlosigkeit zeigt sich im Konsum. Es muss immer mehr geben, alles muss uns sofort zur Verfügung stehen, jederzeit, sobald wir ein Bedürfnis danach verspüren. Das hat durchaus ein Doppelgesicht: Wenn wir alles kaufen können, ist es schwer, die eigene Grenze zu erfahren. Immer mehr Menschen verschulden sich. Sie können sich keine Grenzen in ihrem Konsum setzen, bis irgendwann der Schuldenberg auf ihnen so schwer lastet, dass er ihr Leben erneut und umso schmerzlicher in enge Grenzen weist.

Die angedeuteten Erfahrungen in der Begleitung und unsere Beobachtung der Zeitverhältnisse haben uns ermutigt, diesem Problem der Grenze nachzugehen. Wir haben in der Bibel nach Grenzerfahrungen gefragt und das Thema der Grenze in seelsorglichen Gesprächen bewusst beachtet. Es hat uns selbst erstaunt, wie häufig uns in letzter Zeit dieses Problem begegnet ist. Sobald man dafür sensibilisiert ist, taucht es immer wieder auf. Wir wollen freilich keine systematische psychologische oder gesellschaftliche Darlegung über den Umgang mit Grenzen schreiben, sondern nur auf einige Aspekte aufmerksam machen, die uns in unserer Arbeit wichtig geworden sind, Aspekte, die etwas über unsere gegenwärtige Situation aussagen und die offensichtlich aber auch zum Menschsein gehören. Dabei helfen uns die biblischen Bilder und einige Märchen, die um dieses Thema kreisen, die eigenen Erfahrungen besser zu verstehen. Weil das so ist – und um darauf aufmerksam zu machen – haben wir schon in der Überschrift einzelner Kapitel ein Wort oder eine Erzählung aus der Bibel anklingen lassen. Manchmal haben wir die Bibelstelle aus der lateinischen Übersetzung der Vulgata übernommen. Dort ist oft von Grenze die Rede, wo die Einheitsübersetzung andere Worte und Bilder gebraucht. Die Worte aus der Bibel und andere Texte aus der menschheitlichen Überlieferung versuchen wir als Bilder zu erschließen, in denen das Geheimnis der Grenze und des Abgrenzens aufleuchtet.

Wir haben dieses Buch in vielen Gesprächen und in mehreren Korrekturdurchgängen des Geschriebenen gemeinsam erarbeitet. Wenn also im Text „wir“ steht, drückt es unsere gemeinsamen Erfahrungen aus. Wenn Formulierungen wie „ich“, „meine Schwester“ usw. auftauchen, dann beziehen sie sich auf den Schreiber des Textes: Anselm Grün. Die beschriebenen Erfahrungen beziehen sich meist auf die Begleitung von Menschen. Ramona Robben begleitet im Gästehaus der Abtei Münsterschwarzach Einzelgäste, die sich für einige Tage ins Kloster zurückziehen. Pater Anselm begleitet vor allem Priester und Ordensleute im Recollectiohaus. Wir haben im Text nicht angegeben, aus welcher Begleitung die Beispiele stammen. Und wir haben darüber versucht, die Beispiele allgemein zu fassen und manchmal leicht zu verändern, so dass man die betroffenen Personen nicht erkennen kann. Die Grenze der Menschen zu wahren, die in die Begleitung kommen, ist uns ein wichtiges Anliegen. Daher haben wir weniger konkrete Beispiele erzählt als vielmehr unsere Erfahrungen einfließen lassen, die wir über den Verlauf einer langen Zeit in der Begleitung gemacht haben.

1. Grenzen verhindern Streit

Von der Balance zwischen Nähe und Distanz

Interessenkonflikte

Abgrenzung ist ein altes Menschheitsthema. Auch in der Bibel finden wir es an zentraler Stelle. In der Geschichte Israels reflektiert sich Menschheitsgeschichte, und die Geschichte Israels beginnt mit Abraham. Abraham hört den Ruf Gottes, auszuziehen aus seiner Heimat und seinem Vaterhaus in das Land, das Er ihm zeigen wollte. Die Grenzen seines Vaterlandes sind ihm zu eng geworden. Gott befiehlt ihm, auszubrechen aus dem begrenzten Raum, in dem er bisher gelebt hat. Abraham gehorcht diesem Ruf und nimmt seine Frau und seinen Neffen Lot mit sowie die ganze Habe, die sie erworben hatten. Das Land im Negeb, in dem Abraham und Lot mit ihrem Vieh hin- und herzogen, war zu klein für beide. Weil es ständig Streit zwischen den Hirten Abrahams und den Hirten Lots gab, sagte Abraham zu Lot: „Zwischen mir und dir, zwischen meinen und deinen Hirten soll es keinen Streit geben; wir sind doch Brüder. Liegt nicht das ganze Land vor dir? Trenn dich also von mir! Wenn du nach links willst, gehe ich nach rechts; wenn du nach rechts willst, gehe ich nach links" (Gen 13,8f). Lot zieht nun nach Osten und Abraham nach Westen. Er lässt sich in Kanaan nieder. Nachdem Abraham die bisherigen Grenzen hinter sich gelassen hat, muss er neue Grenzen ziehen, damit er und sein Neffe Lot in Frieden leben können.

Es ist eine Situation, die wir alle kennen. Abraham und Lot sind miteinander verwandt. Aber trotzdem gibt es Interessenkonflikte. Weil für die Herden von beiden nicht genügend Weidefläche da ist, kommt es zum Streit. Die Geschichte spielt sich auch heute noch ab: Da gibt es Brüder, die miteinander ein Geschäft führen. Doch für beide ist es zu klein. Statt sich ständig zu streiten, trennen sie sich und einigen sich, wie sie das bisher Gemeinsame verteilen. Wenn sie in angemessenem und geklärtem Abstand zueinander leben und arbeiten, können sie in Frieden miteinander sein. Wenn sie zu eng beisammen sind, gibt es nur Streit.

In jeder Familie kann sich ähnliches ereignen. Das Gesagte gilt nicht nur für das Verhältnis unter Geschwistern, sondern auch für die Beziehung zu den Eltern. Auf unserem Lebensweg brauchen wir zuerst die Nähe der Eltern und der Familie. Doch irgendwann wird es zu eng. Dann ist es besser, sich gütlich zu trennen. Ich muss mir auf meinem Weg ins Leben meinen eigenen Bereich erobern und in das Land ziehen, das Gott mir zugedacht hat. Das Verhältnis von Nähe und Distanz muss dann neu geregelt werden, damit wir auf Dauer gut auskommen.

Entfaltungsräume

Auch aus dem Umfeld meines eigenen Ordens kenne ich solche Geschichten: Unter den Missionaren, die seit 1888 aus St. Ottilien nach Ostafrika auszogen, waren richtige Haudegen – Männer, die geprägt waren von großer Abenteuerlust und ungeheurem Tatendrang. Doch sie hatten Probleme miteinander. Wenn solche Haudegen gemeinsam ein Werk vollbringen sollten, gab es nach kurzer Zeit regelmäßig Streit. So zog der eine nach Osten, der andere nach Norden. Auf diese Weise verbreiterten sie das Missionsgebiet – und hatten dort, wo sie jeweils wirkten, auch großen Erfolg. Es war auch bei ihnen wie in der Geschichte von Abraham und Lot: Weil sie die Gebiete aufteilten, konnte jeder in seinem Gebiet die eigenen Ideen verwirklichen. So entstand ein positiver Wetteifer in ihrem Tun. Wenn sie im gleichen Gebiet geblieben wären, hätten sie sich bekämpft und blockiert. Ihr starker Unabhängigkeitsdrang und das Aufteilen der Gebiete wurde zum Segen für alle.

Wichtig ist die Balance zwischen Nähe und Distanz. Die Begründung, die Abraham für die Trennung von seinem Neffen Lot angibt, ist interessant: „Wir sind doch Brüder." Gerade weil sie eine so enge Beziehung haben, müssen sie sich voneinander abgrenzen und trennen, damit jeder innerhalb seiner Grenzen gut leben kann. Zuviel Nähe schafft sogar zwischen Brüdern Streit. Auch wenn sie sich noch so gut verstehen, wird es zu Konflikten kommen, wenn sie näher zusammen wohnen, als ihnen gut tut. In der biblischen Geschichte wird damit argumentiert, dass das Land für beide Herden nicht groß genug war. Das ist ein Bild dafür, dass jeder Mensch seinen Entfaltungsraum braucht. Er braucht seine Freiheit, um das leben zu können, was ihm wichtig ist. Wenn er dabei dem anderen ständig in die Quere kommt, gibt es Konflikte, auch wenn man sich persönlich noch so gut versteht. In Familien ist das nicht anders als in anderen Gemeinschaften, in denen die Menschen zu eng aufeinander sitzen. Die Konsequenz, ob im privaten oder beruflichen Umfeld: Sie kontrollieren sich gegenseitig und beschneiden einander in ihren Entfaltungsmöglichkeiten. Damit die Mitglieder einer Gemeinschaft gut miteinander auskommen, braucht es immer eine klare Grenzziehung. Die Arbeitsbereiche sollten klar voneinander getrennt sein, damit jeder seine Fähigkeiten in seinem Bereich entfalten kann. Zugleich braucht es aber ein gutes Miteinander in der Arbeit, die Bereitschaft, sich etwa durch Terminabsprachen Grenzen zu setzen und die eigenen Grenzen und die der anderen Arbeitsbereiche zu wahren. Die ausgewogene Balance von Nähe und Distanz im Miteinander geht bis in ganz praktische räumliche Fragen. Es braucht die Rückzugsmöglichkeit in die eigenen vier Wände. Wenn ein Haus zu hellhörig ist, wenn die Zimmer nicht gut isoliert sind und man das Husten des Nachbarn ständig hört, wird solche Nähe schnell Aggressivität erzeugen. Nur wenn man sich zurückziehen kann, kommt man auch gerne zusammen. Es braucht also immer beides: Nähe und Distanz, Sich-reiben und Sich-zurückziehen, Verbindlichkeit und Freiraum, Einsamkeit und Gemeinschaft.

Jenseits des Paradieses

In Gesprächen mit Menschen, die unter dem Problem der richtigen Grenzziehung leiden, hört man manchmal: „Wir verstehen uns doch so gut." Wenn jemand zu sehr auf das gegenseitige Verständnis baut, übersieht er allerdings oft die Grenzen, die er braucht, um sich mit dem anderen gut zu verstehen. Wenn man immer zusammen ist, dann gibt es Probleme. Das gilt auch für jede Ehe. Auch da braucht jeder und jede, Mann und Frau, den eigenen Raum, in dem er für sich selbst sein kann. Frauen erzählen oft, dass es zu Problemen kam, als der Mann pensioniert worden ist. Er sitzt nun immer zu Hause. Vorher haben sie sich gut verstanden. Da war das Miteinander auf den Morgen, den Abend und das Wochenende beschränkt. In diesen Grenzen war Harmonie. Aber jetzt, da der Mann ständig um die Frau herum ist, ist ihr die Nähe auf einmal zuviel. Sie wird aggressiv. Die Aggressionen sind ein Zeichen dafür, dass sie mehr Distanz braucht. Die Frau spürt, dass es auch für den Mann nicht gut ist, immer im Haus zu bleiben. Er braucht auch nach der Pensionierung seinen eigenen Raum, in dem er sich engagieren oder seinen Hobbys nachgehen kann. Ein pensionierter Schulleiter erzählte, wie die erste Zeit nach der Pensionierung für ihn und seine Frau zum Horror wurde. Er selber musste erst damit fertig werden, dass er nicht mehr im Mittelpunkt stand und nicht mehr in einem vorgegebenen Rahmen gebraucht wurde. Er wollte es jedoch nicht wahrhaben, dass ihm das Loslassen schwer fiel. So projizierte er seine Probleme auf seine Frau und kritisierte an allem herum. Sie merkten schließlich beide, dass es so nicht weitergehen könne. Ihre Lösung: Sie einigten sich auf eine gesunde Tagesstruktur, in der sie für jeden genügend Freiraum vorsahen. Und siehe da: Auf einmal konnten sie wieder gut miteinander auskommen.

Der Paartherapeut Hans Jellouschek sieht als Ursache vieler Eheprobleme die zu große Nähe der Ehepartner, die meinen, sie müssten in der Liebe immer verschmelzen. Doch Partner, die so leben wollen, finden nie zu ihrem eigenen Selbst. Und die Konsequenz: Irgendwann leiden sie an ihrer zu großen Nähe. Sie können ihre Sexualität nicht mehr genießen. Sie entwickeln psychosomatische Symptome und streiten ständig miteinander. Eine Ehe gelingt nur, wenn sie ein ausgeglichenes Miteinander von Nähe und Distanz wird. Viele Ehepaare, die über ständige Konflikte in der Beziehung klagen, verstehen nicht, wenn der Therapeut ihnen sagt: „Ihr seid viel zu nah zusammen!" Sie meinen oft gerade, dass ihr ständiges Streiten eher Ausdruck einer zu großen Distanz sei. Doch für Jellouschek steht fest, „dass der Streit gerade eine Form des Klammerns aneinander ist". Er rät daher den Paaren, dass sie sich genügend Freiräume schaffen, etwa einen eigenen Raum in der Wohnung oder einen „freien" Tag in der Woche, den sie für sich selber gestalten. Manche bekommen bei einem solchen Rat Angst und meinen, das sei ein erster Schritt zur Trennung. Doch nur wenn sie sich die eigenen Grenzen sichern, werden sie auf Dauer friedlich zusammenbleiben. Eine Dauerverschmelzung gibt es nicht. Biblisch gesprochen: Der Engel verwehrt uns endgültig den Zutritt zum Paradies. Es gibt in unserem Leben kein Zurück in das Paradies des ununterbrochenen Einsseins. Wir leben im Hin und Her zwischen Nähe und Distanz, zwischen Einheit und Trennung. Das Paradies endgültiger Einheit erwartet uns erst, wenn wir im Tod eins werden mit Gott und mit uns selbst und miteinander.

Äußere und innere Abgrenzung

Junge Ehepaare, die noch im Haus der Eltern wohnen, leiden oft unter der zu großen Nähe der Eltern. Die Frau hat dann oft den Eindruck, dass der Mann ständig zur Mutter geht und sich von ihr trösten lässt, wenn es Konflikte zwischen den Ehepartnern gibt. Oft sind die Wohnräume nicht genügend voneinander getrennt. Nicht selten ein Auslöser für Schwierigkeiten: Die Schwiegermutter erscheint unangemeldet in der Wohnung, als ob es ihre eigene wäre. Es ist zwar bequem, wenn die Schwiegermutter auf die Kinder aufpasst und die jungen Eltern dadurch Freiräume haben. Doch wenn sie den Erziehungsstil ständig kritisiert, dann ist ein Dauerkonflikt vorprogrammiert. Abweichende Vorstellungen davon, was gut ist für die Kinder, gehören zu diesen problematischen Bereichen. Schwierig werden kann es, wenn sich die Schwiegertochter zwar darüber ärgert, dass die Oma den Kindern Süßigkeiten zusteckt, ihr aber keine klaren Grenzen setzen und der Schwiegermutter nicht unmissverständlich klar machen kann, dass sie als Mutter ihre Erziehungsverantwortung selber wahrnehmen will. Das Klima wird in solchen Fällen immer mehr vergiftet. Da sind dann nicht nur äußere Trennungen nötig, sondern auch eine klare innere Abgrenzung. Sonst kann sich die Familie nie entfalten. Diese Schwiegertochter braucht dann eben ihr eigenes Gebiet wie Abraham und Lot, damit die junge Familie zusammenwachsen und ihre Konflikte selber lösen kann.

Die innere Abgrenzung ist oft schwerer als die äußere. Da kreist etwa ein junges Ehepaar immer wieder darum, was die Eltern oder Schwiegereltern über sie und ihre Kinder gesagt haben oder was sie darüber denken. Und wenn sie die Eltern besuchen, fühlen sie sich sofort kontrolliert, beobachtet und zu bestimmten Verhaltensweisen gedrängt. In einer solchen Konstellation ist es wichtig, sich innerlich abzugrenzen. Die Mutter und der Vater dürfen denken, was sie denken. Sie dürfen ihre Wünsche äußern und natürlich auch ihre Meinung haben. Ich muss mich darüber nicht aufregen. Ich kann es bei ihnen lassen. Wenn ich die Grenze zwischen mir und den Eltern klar ziehe, kann ich mit ihnen gut auskommen. Ich fühle mich nicht ständig in meiner Freiheit beschnitten. Ich entscheide, wann ich ihre Wünsche erfüllen möchte und wann nicht. Und ich stehe nicht unter Druck, sie von der Richtigkeit meiner Meinung überzeugen zu müssen. Ich habe mich abgegrenzt und respektiere die Begrenztheit ihrer Weise, die Welt zu betrachten und zu deuten.

Wenn man viel Zeit miteinander verbringt und alles gemeinsam tun möchte, dann erzeugt das oft ein aggressives Klima wie bei den Hirten Abrahams und Lots. Aber wenn man – wie etwa in einer klösterlichen Gemeinschaft – das christliche Gemeinschaftsideal hoch hängt, übersieht man nicht selten, dass die Aggressivität menschlich und normal ist und dass gerade die problematische Enge danach schreit, mehr Freiraum zu schaffen. Und anstatt eine gesunde Distanz zu ermöglichen, appelliert man an die Nächstenliebe: Man solle sich doch vertragen und einander achten. Doch die moralischen Appelle fruchten nicht, wenn die äußeren Bedingungen nicht ernst genommen werden, unter denen ein gutes Miteinander möglich wird. Im Gegenteil, die ständige Ermahnung, einander mehr zu lieben und zu verstehen, erzeugt neue Aggressivität oder inneren Rückzug. Da wäre eine nüchterne Analyse, warum das Miteinander so schwierig ist, viel fruchtbarer. Eine solche Analyse würde sicher ergeben, dass das Miteinander von Nähe und Distanz nicht ausgewogen ist.

2. Grenzverletzungen

Von Übergriffen und Vereinnahmungen

Das Andere respektieren

Die alte Geschichte von Lot und Abraham ist auch in ihrer Fortsetzung und in einem weiteren Aspekt lehrreich für uns heutige: Lot hatte sich in Sodom niedergelassen. Sodom und Gomorra sind Städte, in denen ein böser Geist herrscht. Zwei Engel des Herrn besuchen Lot in der Stadt Sodom, um nachzusehen, ob die Menschen dort wirklich so böse sind. Lot nimmt sie freundlich in sein Haus auf. „Sie waren noch nicht schlafen gegangen, da umstellten die Einwohner der Stadt das Haus, die Männer von Sodom, jung und alt, alles Volk von weit und breit. Sie riefen nach Lot und fragten ihn, wo sind die Männer, die heute Abend zu dir gekommen sind? Heraus mit ihnen, wir wollen mit ihnen verkehren!“ (Gen 19,4f). Lot versucht, die Männer von diesem Verbrechen abzuhalten. Aber sie überrumpeln ihn und machen sich daran, die Türe aufzubrechen. Doch die beiden Engel schlagen die Männer mit Blindheit, so dass sie den Eingang nicht finden.

Hier verletzen die Männer von Sodom ganz klar die Grenze anderer Menschen. Sie möchten mit den fremden Männern sexuellen Kontakt haben und verletzen so das Gastrecht, das in der Antike bei Juden und Griechen gleichermaßen heilig war. Sie achten nicht die Grenzen, die das Gastrecht um jeden Fremden gezogen hat. Der Fremde war unantastbar. Im Fremden kam etwas Numinoses, etwas Göttliches, zu einem. In unserer Erzählung sind es Engel, die in den beiden Männern zu Lot kommen.

Doch die Männer von Sodom wollen sie für sich benutzen. Sie haben kein Gespür für den Fremden, der ihrem Zugriff entzogen ist. Sie möchten ihre Gier an ihnen befriedigen. Hier geht es um eine extreme Grenzverletzung. Häufig geschieht solche Ausbeutung subtiler. Da werden die Fremden einfach vereinnahmt. Nur wenn sie sich so gebärden wie wir, werden sie akzeptiert. Aber das Fremde, das Unerklärliche, das Numinose, das sich uns entzieht, wird nicht respektiert. Im „Dritten Reich" war die „Verkameradschaftung" eine raffinierte Weise, Menschen zu vereinnahmen und ihnen ihre Individualität zu rauben.

In den Medien lesen wir heute ständig von ähnlichen Grenzverletzern. Da gibt es Menschen, die achten die Würde des Kindes nicht, sondern beuten es für sich sexuell aus. Ihre Gier macht sie blind gegenüber der Würde des Kindes. Auch der Mann, der eine Frau vergewaltigt, hat jedes Gespür für die Grenze verloren. Doch es gibt ja nicht nur die Extremfälle von Vergewaltigung und sexuellem Missbrauch. Es gibt viele sublimere Weisen der Grenzverletzung. Da kommt einem jemand im Gespräch zu nahe. Jeder hat ein Gespür für seine Grenze. Doch der Grenzverletzer überschreitet sie. Er geht nur von sich und seinem Bedürfnis aus. Er ist unfähig, sich in das Bedürfnis des anderen hinein zu spüren. Es gibt Männer, die jede Frau betätscheln müssen, und, zur Rede gestellt, sagen, dass sie einfach nicht so prüde seien, wie es in unserer Gesellschaft üblich ist und dass sie doch nur herzlich sein und uneigennützig Nähe schenken möchten. Doch hinter solchen Begründungen verstecken sie nur egoistische Absichten und nicht eingestandene eigene Bedürfnisse.

Im therapeutischen oder seelsorglichen Gespräch erleben wir, wie einleitend schon angedeutet, manchmal auch, wie die Klienten ihre Grenzen in dieser ganz besonderen Situation überschreiten. Nachdem sie von sich erzählt haben, wechseln sie plötzlich ihre Rolle und spielen sich selbst zum Therapeuten auf. Sie konstatieren dann auf einmal voll Mitgefühl, der Therapeut sehe heute so schlecht aus und fragen ihn nach seinen Sorgen. Er braucht die therapeutische Distanz, um dem Klienten helfen zu können. Doch mancher Klient möchte diese Grenze nicht wahrhaben.

Unter dem Deckmantel des Helfers

Die Gefahr der Grenzverletzung durch die Therapeutin oder den Seelsorger gibt es selbstverständlich auch. Sie ist immer dann gegeben, wenn sie sich mit einem archetypischen Bild identifizieren. C.G. Jung nennt diese Identifikation mit dem Archetyp *Inflation*. Man bläht sich auf und wird dabei blind für die Grenzen des anderen. Wenn z. B. in der Beratung eine Frau darüber klagt, dass sie niemanden hat, der sie umarmt, dann wäre es fatal, wenn der Seelsorger sich mit dem Archetyp des Helfers identifizieren würde. Er würde unter dem Deckmantel des Helfers die Frau umarmen – und gar nicht merken, wie er dabei sein eigenes Bedürfnis nach zärtlicher Nähe ausagiert. Das heißt nicht, dass wir nicht Nähe zeigen sollen, wenn es angebracht ist. Aber es braucht ein feines Gespür dafür, was dem anderen gut tut. Wer sich mit dem Bild des Helfers identifiziert, verliert das Gespür für den anderen. Er wird von seinem inneren Bild gedrängt, den anderen mit seiner Nähe zu überschütten. Er ist sich seiner eigenen Bedürfnisse nicht bewusst. Er meint, er würde den andern umarmen, weil der es brauche. In Wirklichkeit braucht er es selbst. Doch er gesteht sich seine eigenen Bedürfnisse nicht ein. Jeder Therapeut und jede Seelsorgerin hat Bedürfnisse nach Nähe. Die Kunst und die Disziplin der Begleitung besteht darin, sich diese Bedürfnisse bewusst zu machen und sich zugleich davon zu distanzieren.

Genauso gefährlich ist in der Begleitung der Archetyp des Heilers. Von der Begleitung soll Heilung ausgehen, und oft genug geschieht auch wirkliche Heilung. Doch wenn sich der Begleiter mit dem Archetyp des Heilers identifiziert, dann übernimmt er sich. Er leugnet die eigenen Grenzen. Er zieht kranke Menschen an und schreibt das seiner heilenden Ausstrahlung zu. Eine Frau erzählte, ein Priester habe ihr gesagt, er könne sie von der Wunde des sexuellen Missbrauchs heilen. Sie solle alle vier Wochen zum Beichtgespräch kommen. Das sah dann so aus, dass er sie während des Beichtgesprächs eine Stunde lang fest umarmte. Die Frau war verwirrt. Aber sie meinte, der Priester meine es doch gut. Er sei ja ein bekannter und beliebter Priester. Vielleicht sei sie selbst nur etwas verklemmt. Beim Erzählen, zwanzig Jahre später, kam ihr wieder der eklige Geruch seines Schweißes in die Nase. Erst sehr viel später ging ihr auf, dass der Priester sein eigenes Bedürfnis nach Nähe an ihr ausgelebt hat.

Es gibt immer wieder Seelsorger, die vor allem depressive Menschen anziehen. Wenn sie hören, dass etwa eine Frau schon lange in therapeutischer Begleitung war, ohne dass ihr geholfen werden konnte, springt bei ihnen der Archetyp des Heilers an. Sie entwickeln den Ehrgeiz, diese depressive Frau heilen zu können. Am Anfang blüht die Frau auch auf, weil sich der Seelsorger ihr viel offener zuwendet. Doch irgendwann kommt auch er an seine Grenzen. Und dann stößt er oft die depressive Frau sehr unsanft von sich. Die Verletzung, die durch dieses Wegstoßen geschieht, ist dann tiefer als die heilende Wirkung der ersten Gespräche. Ein Seelsorger sollte sich also klar werden darüber, ob er sich berechtigterweise zutrauen darf, diesem Menschen zu helfen. Die Grenze ist natürlich fließend. Es braucht ein feines Gespür, um diese Grenze bei sich selbst wahrzunehmen. Nur wenn wir selber diese Sensibilität entwickeln, werden wir auch die Grenzen des anderen wahren. Vielleicht können wir dem anderen wirklich eine Nähe und ein Verständnis zeigen, das ihn zu heilen vermag. Aber es ist immer ein Geschenk, wenn Heilung geschieht. Wir können sie nicht *machen*. Therapeut und Seelsorger sind nicht Heiland für die, die sie begleiten.

Missbrauchserfahrungen

In die Begleitung kommen auch immer wieder Frauen, die von einem Therapeuten sexuell missbraucht worden sind. Oft wollten diese Frauen den sexuellen Missbrauch, den sie in der Kindheit erlitten haben, in der Therapie bearbeiten. Doch dann gerieten sie an einen Therapeuten, der ihnen zuerst viel Verständnis und Nähe entgegenbrachte. Sie fühlten sich verstanden. Und in dieser Atmosphäre merkten sie anfangs gar nicht, wie der Therapeut seine Grenze überschritt. Eine Therapeutin, die viel mit sexuell missbrauchten Frauen arbeitet, erzählte, dass gerade Therapeuten aus dem esoterischen Milieu die Grenze häufig überschreiten. Sie sprechen dann vom kosmischen Bewusstsein, an dem sie den Klienten Anteil geben möchten. Sie möchten ihnen die Erfahrung von Einssein vermitteln. Doch hinter solchen Ideen verbirgt sich manchmal eigene Unreife und Bedürftigkeit. Solche Therapeuten nutzen die Verletzung ihrer Klienten für ihre eigenen Bedürfnisse aus. Und sie überhöhen ihre Unreife, indem sie sie mit einer philosophischen Theorie von kosmischem Eins-werden ummanteln. Solche ideologische Überhöhung macht blind für die Wahrheit – und ist gefährlich für die Betroffenen.

Therapeuten, die vom Eins-werden mit ihren Klienten sprechen, haben bei ihrer Grenzüberschreitung kein Schuldgefühl. Sie meinen, sie würden der Klientin einen Gefallen erweisen, wenn sie ihr an der kosmischen Einheitserfahrung Anteil geben.

Oft wird mit dieser Idee von Einssein das Gespür für die Personalität des einzelnen aufgegeben. Letztlich ist solches Schwärmen von dieser Einheit oft nichts anderes als Regression in den vermeintlich paradiesischen Zustand, in dem noch alles eins war. Offensichtlich schwindet mit dem Verständnis der Personalität des Menschen auch das Gespür für Schuld. Schuld empfindet nur, wer ein Gespür für Grenzen hat, die er in der Schuld überschreitet. Die Auflösung von Schuld ist freilich nicht ohne Konsequenzen. Die Schuldgefühle nisten oft in anderen Bereichen der Seele und die Klientin weiß dann nicht mehr, wer sie eigentlich ist. Sie verliert das Gespür für sich und gerät oft in eine tiefe Verzweiflung. Sie hat keinen Grund mehr unter den Füßen.

Für Frauen, die sexuell missbraucht worden sind, ist es nicht einfach, ein natürliches Gespür für ihre Grenzen zu entwickeln. Sie schwanken oft zwischen der Tendenz, sich vor dem andern zu verschließen, um nicht mehr verletzt zu werden, und dem Bedürfnis, sich zu öffnen. Manchmal bieten sie dann eine Offenheit an, die der Begleiter als Einladung zum Missbrauch versteht. Umso wichtiger ist es, dass der Therapeut oder Seelsorger ein klares Gespür für die eigenen Grenzen und für die Grenzen der Klientin entwickelt. Indem er sich abgrenzt und zugleich Nähe zeigt, ermöglicht er es auch der Klientin, ein gesundes Verhältnis zu Nähe und Distanz zu erlernen.

Eine Frau, die in ihrer Jugend selbst vergewaltigt worden ist, ist dadurch sehr sensibel für Menschen geworden, die ihre Grenze überschreiten. Wenn sie mit ihrem kleinen Kind im Park spazieren geht, ist da ein alter Mann, der Kinder zu sich ruft, ihnen Schokolade schenkt und sie streichelt. Sie hat das Gefühl des „Schmierigen“. Es ist nicht die Freundlichkeit eines alten und milden Mannes. Sie spürt bei ihm etwas, das ein Übergriff ist. Es ist nicht eine reife Form selbstloser Freundlichkeit. Vielmehr lebt der alte Mann offensichtlich an den Kindern seine eigene Bedürftigkeit aus. So etwas ist immer eine Gefahr. Lehrer oder Priester sind in Gefahr, im Umgang mit Schülern und Schülerinnen, mit Ministranten und Ministrantinnen hinter der Fassade von Herzlichkeit und Zugewandtsein die eigenen Bedürfnisse zu befriedigen. Manchmal ist es für die Kinder durchaus schön, wenn Lehrer oder Priester keine Grenzen kennen. Sie turnen an ihnen herum. Doch irgendwann spüren sie, dass etwas nicht stimmt. Der grenzenlose Mann lädt auch Kinder dazu ein, ihre eigenen Grenzen zu vergessen. Irgendwann kommt es dann zu Übergriffen und tiefen Verletzungen.

Der andere – ein Engel

Die eingangs erzählte biblische Geschichte spricht von Engeln, die bei Lot zu Gast waren. Das ist ein eindrückliches Bild, das uns vor Grenzverletzung bewahren möchte, indem es darauf hinweist: Der andere Mensch ist immer ein Engel. In ihm kommt mir etwas entgegen, was meinem Zugriff entzogen ist, etwas Heiliges, Zärtliches, das ich achten soll wie einen Engel, d. h. einen Gottesboten. Im anderen Menschen leuchtet etwas Göttliches auf. Wenn ich es achte, kann ich mich daran erfreuen. Wenn nicht, werde ich blind für meine eigenen Bedürfnisse. In der biblischen Erzählung schlagen die Engel die Bewohner von Sodom mit Blindheit. Auch das ist ein treffendes Bild: Gott lässt auf die Städte Sodom und Gomorra Schwefel und Feuer regnen. Wer ein Kind sexuell missbraucht, der verletzt nicht nur das Kind abgrundtief, sondern richtet sich auch selbst. In der Sprache der Bibel: Er wird blind und bereitet sich letztlich selbst den Untergang.

3. Die Grenze ist heilig
Vom respektierten und geschützten Raum

Unter dem Schutz der Gottheit

Grenzen waren den Menschen immer heilig. Die Grenze trennt und schützt, und sie teilt die Bereiche der Erde den Menschen zu. Erst die gerechte Aufteilung der Erde ermöglicht ein friedliches Miteinander der Völker. In der Geschichte und im Selbstverständnis der Israeliten stellen wir das Gleiche fest: Gott selbst hat dem Volk Israel seine Grenzen gesetzt. Heilig waren aber auch die Grenzen zwischen den Menschen des Volkes Israel. Immer wieder warnt das Buch der Sprichwörter, die Grenzsteine nicht zu versetzen (Spr 22,28 und 23,10). Und im Buch Deuteronomium befiehlt Gott den Israeliten: „Du sollst die Grenze deines Nächsten nicht verrücken." (Dtn 19,14) Das Volk Israel stand mit diesem Verständnis von Grenze nicht allein da, sondern übernahm die allgemeine Auffassung der Antike.

In allen Kulturen stehen die Grenzen unter dem besonderen Schutz der Gottheit. Das gilt nicht nur für die Landesgrenze, sondern auch für die Abgrenzung der Felder, für die Grenzen, die man beim Hausbau einzuhalten hat. Schon die Griechen kannten klare Vorschriften über die Grenzabstände, die man beim Bau eines Hauses, beim Pflanzen von Ölbäumen, beim Graben eines Brunnens und sogar bei der Aufstellung eines Bienenkorbes einzuhalten hat. Die Römer haben nicht nur die rechtlichen Vorschriften für die Grenzen ausgebaut. Für sie hatten die Grenzen heiligen Charakter, und sie feierten jedes Jahr das Fest der Terminalia. Termini waren die Grenzsteine. Sie wurden als göttliche

Wesen verehrt. Unser Begriff „Termin“ stammt von diesem römischen Wort. Wenn wir mit einem anderen einen Termin ausmachen, setzen wir gleichsam einen Grenzstein, an den beide sich halten und den beide achten.

Für die Grenze hatten die Römer verschiedene Bezeichnungen. Grenze heißt „finis“, das zugleich auch „Ende“ bedeutet. An der Grenze endet der Machtbereich des Königs und das Nutzungsrecht des Nachbarn. Und die Grenze erinnert mich an das Ende meiner eigenen Fähigkeiten und Möglichkeiten. Ein anderes lateinisches Wort für Grenze ist „limes“. Der Limes ist das Ergebnis der Abgrenzung durch Vermessung (limitatio). Es gibt zahlreiche antike Schriften über die Vermessung der Felder und Bauplätze. Die Grenze zeigt mir an, was mir zugemessen wurde, was mein Maß ist, mein „Limit“. Das römische Recht legte sehr starken Wert darauf, dass die Grenzen eingehalten werden und jedem das zugeteilt wird, was ihm zusteht. Das Recht schützt die Grenze und damit den Menschen.

Schutz für die Seele

Die Einhaltung der äußeren Grenze ist auch für die menschliche Seele wichtig. Damit der Mensch nicht innerlich zerfließt, sondern seine Identität bewahrt, braucht er den Schutz der Grenzen. Das wurde uns in der Erzählung einer Frau bewusst. Sie hatte ein kleines Haus gekauft. Rings um ihr Haus hatte ein reicher Mann den ganzen Besitz aufgekauft. Er schikanierte die Frau, indem er ständig die Grenzen verletzte. Er lud auf dem Zugang zum Haus seine Baumaterialien ab. Er verstellte den Zugang mit seinen Fahrzeugen. Auch durch die Anweisungen der Gemeinde ließ sich der Mann nicht davon abhalten, die Grenzen zu verletzen. Für die Frau war das nicht nur eine äußere Verletzung. Sie fühlte sich nicht mehr sicher und von allen Seiten bedrängt. Der Nachbar respektierte weder ihre äußere noch ihre innere Grenze.

Ein Mann erzählt, wie sehr es ihn innerlich verunsichert hat, als in sein Haus eingebrochen wurde. Es war nicht so sehr der materielle Schaden als vielmehr das Gefühl, dass da jemand die eigene Grenze zutiefst verletzt hat. Er fühlte sich nicht mehr sicher in seinem Haus. Die Grenzverletzung durch den Einbrecher war für ihn wie ein Frevel, der die Räume seines Hauses erfüllte. Es war nicht nur die äußere Grenze des Hauses, die durch den Einbruch verletzt wurde. Es war ein Angriff auf seine Person.

Die Grenze schützt uns. Das gilt nicht nur für die äußere Grenze unseres Grundstückes, sondern auch für die Grenze unserer Seele. Es gibt Menschen, die kein Gespür haben für unsere Grenzen. Instinktiv versuchen wir, uns in einem solchen Fall zu wehren: Sie sind uns unangenehm und wir meiden sie. Sie respektieren unsere Zeitgrenze nicht. Wenn wir ein Gespräch zu einer bestimmten Uhrzeit ausgemacht haben, kommen sie viel zu spät, nicht weil sie im Stau standen, sondern weil sie es mit der Zeit nicht ernst nehmen. Wir haben die Gesprächsdauer begrenzt. Doch sie erzählen und kommen an kein Ende. Andere rufen abends zu später Zeit an und merken gar nicht, dass man nicht mehr gestört werden will. Es gibt Leute, die um 2.00 Uhr nachts anrufen und meinen, man würde jetzt ihr Problem anhören. Das Gespür für die natürlichen Grenzen ist bei vielen heute verloren gegangen. Da sehnen wir uns nach der Heiligkeit der Grenze, wie sie die Römer im Fest der Terminalia gefeiert haben. Die Grenze ist ein Tabu, das nicht überschritten werden darf. Damit der Mensch sich selbst findet und heil und ganz werden kann, braucht er diese Heiligkeit seiner Grenze. Das ist eine wichtige Voraussetzung für das Heil und die Heilung des

Menschen. Zur Kultur des menschlichen Umgangs gehört das Beachten der Grenze. Wer sich ständig auf Kosten des Nachbars breit macht, verletzt und missachtet ihn. Doch der Grenzverletzer grenzt sich letztlich durch sein Verhalten selber von der menschlichen Gemeinschaft aus. Denn mit Menschen, die die Grenzen nicht heilig halten, wollen wir nichts zu tun haben. So entsteht ein Teufelskreis. Weil sich jemand einsam fühlt, verletzt er die Grenze zum anderen, um seine Nähe zu erzwingen. Doch damit grenzt er sich selbst aus und wird unfähig zu wirklicher Begegnung und Beziehung. Er isoliert sich immer mehr.

Eine gute Übung, die eigene Grenze und die Grenze des anderen wahrzunehmen, wird oft in Kursen angeboten. Es stellen sich zwei Teilnehmer im Raum weit voneinander entfernt auf. Einer bleibt stehen, der andere geht langsam auf ihn zu. Wer stehen bleibt, sagt „Stop“, wenn er spürt, dass eine größere Nähe seine Grenze überschreiten würde. Jeder reagiert in dieser Situation unterschiedlich. Was für den einen gerade angenehm ist, ist für den anderen schon unangenehm. Jeder hat ein Gespür für seine ganz persönliche Grenze. Viele haben ein geradezu körperliches Gefühl dafür, wo ihre Grenze liegt. Wir müssen aber auch lernen, zu unserer Grenze zu stehen und sie anderen auch zu signalisieren. Der andere kann es von sich aus nicht wissen. Wir müssen es ihm sagen oder ihm durch unser Verhalten klar machen, wo unsere Grenze liegt. Jeder ist für seine eigene Grenze verantwortlich.

Ein heiliger Bereich

Dass den Römern und Griechen die Grenzen heilig sind, lässt sich auch am Wortstamm erkennen. Das lateinische Wort für heilig ist „sanctus“. Es kommt von „sancire“, das „abgrenzen, absondern“ bedeutet. Das Heilige ist das klar Abgegrenzte. Die Griechen sprechen vom „temenos“, vom „heiligen Hain“, den man von der Landschaft abgegrenzt hat. Das Heilige – so können wir schon an der Bedeutung des Wortes erkennen – ist nicht jedem zugänglich. Man darf es nur unter bestimmten Voraussetzungen betreten. Normalerweise hat nur der Priester Zutritt zum Heiligen. Er allein darf die Grenze jenseits des profanen Bereichs überschreiten. Das Heilige ist auch das, was der Welt entzogen ist, worüber sie keine Macht hat. Die Griechen sind zum Heiligtum nach Delphi gewandert und haben dort im heiligen Bezirk, im Tempel, geschlafen. Vom Tempelschlaf erwarteten sie heilende Träume. Es ist also eine Wohltat für den Menschen, einzutauchen in den heiligen Raum, zu dem die Welt mit ihrem Lärm, ihren Maßstäben und Erwartungen keinen Zutritt hat. Für die Griechen vermag nur das Heilige zu heilen. Aber wenn das Heilige keine klaren Grenzen hat, steht es in Gefahr aufgelöst zu werden.

Ich kann in einen äußeren heiligen Bezirk eintreten, um mich vor dem Zugriff der Welt zu schützen. Es gibt aber auch in mir einen heiligen Raum, zu dem die Menschen mit ihren Erwartungen und Ansprüchen keinen Zutritt haben. Diesen inneren Raum muss ich schützen. Manchmal zeigt uns ein Traum, dass wir uns nicht genügend geschützt haben. Eine Frau erzählte, sie würde oft träumen, dass in ihrem Schlafzimmer fremde Menschen seien. Im Gespräch wurde klar, dass sie sich so sehr um andere Menschen kümmert, dass sie selbst den privaten Bereich des Schlafzimmers nicht mehr vor ihnen schützen konnte. Die anderen Menschen hatten Zugang zu allen Bereichen ihrer Seele. So war der Traum eine Mahnung, ihren innersten, ihren heiligen Bereich besser abzugrenzen.

Auch in alten Geschichten, in Legenden und Märchen finden wir diese Botschaft von der Heiligkeit der Grenze: Die Legende vom hl. Aegidius erzählt zum Beispiel, dass sich zu ihm die Tiere flüchteten, wenn der König auf die Jagd ging. Bei ihm waren sie geschützt. Um den Heiligen herum bestand ein Bannkreis, in den kein Jäger eindringen konnte. Die Jäger blieben wie angewurzelt stehen, und auch ihre Jagdhunde konnten diese Grenze nicht überschreiten. Der König spürte, dass es da nicht mit rechten Dingen zuging, und bat den Bischof um Hilfe. Als beide zu dem Bezirk des Heiligen vordrangen und die Jagdhunde wieder umkehren mussten, schoss ein Jäger einen Pfeil in das Gebüsch und verletzte den Heiligen. Der aber benötigte für diese Wunde keine irdische Arznei, wie sie ihm der König anbot. Er wollte durch diese Wunde sein Leben lang an Gott erinnert werden. Der Pfeil drang zwar in den heiligen Bezirk ein, in dem Aegidius wohnte, aber nicht in das innere Heiligtum des Einsiedlers. Das blieb unverletzt. Der emotionale Bereich in uns wird verletzt durch die Aggressionen anderer. Doch der innerste Raum in uns, in dem Gott selbst wohnt, ist gegen jede Verletzung geschützt.

Die Botschaft der Märchen

Im Märchen „Das Mädchen ohne Hände“ zieht die fromme Müllerstochter mit Kreide einen Kreis um sich. Zuvor wäscht sie sich. Sie schafft also in sich einen reinen Kreis, aus dem alles Dunkle und Böse verbannt ist. Der Teufel, dem der Vater seine Tochter versprochen hat, kann diesen Schutzkreis nicht überwinden.

Was dieses Märchen in Bildern erzählt, will auch heute bedacht werden. Dort, wo das Reine und Klare einen Kreis um den Menschen bildet, kann das Böse, können negative Emotionen nicht eindringen. Das Bild von der Heilkraft des Wassers ist in diesem Zusammenhang besonders eindrücklich. Als der Teufel dem Müller befiehlt, alles Wasser wegzuschaffen, damit die Tochter sich nicht mehr waschen und reinigen kann, da weint sie auf ihre Hände. Und die gereinigten Hände hindern den Teufel, ihr nahe zu kommen. Die tiefe Botschaft des Märchens auch für uns ist: Wenn wir den inneren Raum in uns schützen, der lauter und rein ist, dann hat das Negative keine Macht über uns. Aber viele Menschen können sich nicht abgrenzen von diesem Negativen, das um sie herum ist. Sie nehmen alle depressiven und aggressiven Stimmungen in ihrer Umgebung in sich auf. Sie können sich nicht wehren gegen die Emotionen, die auf sie einstürmen. Diesen Menschen will das Märchen sagen: Zieh einen deutlich markierten Kreis um dich, um deinen innersten Schutzraum festzulegen, damit du geschützt bleibst vor dem Bösen.

Das Märchen von Jorinde und Joringel erzählt ebenfalls von einem solchen Schutzraum. Doch es ist der Raum einer Zauberin. Die alte Frau wohnt in einem Schloss. Wer sich diesem Schloss auf 100 Schritte naht, der muss stehen bleiben und kann sich nicht mehr von der Stelle bewegen, bis sie ihn lospricht. Und wenn eine Jungfrau diesen Kreis betritt, so wird sie von der Zauberin in einen Vogel verwandelt. So geschieht es auch mit Jorinde, der Braut von Joringel. Beide kommen dem Schloss zu nahe. Jorinde wird in eine Nachtigall verwandelt. Joringel kann sich nicht mehr regen. Die Zauberin befreit den jungen Mann durch eine Zauberformel. Aber er muss ohne seine Braut von dannen ziehen und hütet die Schafe eines Bauern. In dieser Zeit zeigt ihm ein Traum, wie er Jorinde befreien und den Bann der Zauberin lösen kann. Er soll eine blutrote Blume suchen, in deren Mitte eine große Perle ist. Er findet sie und kann damit in den Zauberkreis eindringen. Joringel erlöst seine Braut und all die anderen Jungfrauen, die in Vögel verwandelt waren. Die Zauberin wird durch diese Blume entmachtet.

Das Märchen zeigt: Es gibt offensichtlich Grenzen, die man nicht überschreiten darf, ohne Schaden zu nehmen. Joringel muss erst eine blutrote Blume mit einer Perle suchen. Das bedeutet: Er muss erst durch Leid hindurch gegangen sein. Nur dann wird er einer reifen Liebe fähig, in der er eins wird mit seiner Braut. Solange die beiden verliebt sind, vernachlässigen sie ihre Grenzen. Wer in der Sehnsucht nach Verschmelzung lebt, der – so sagt das Märchen – gerät in den Herrschaftsbereich der Zauberin. Die Zauberin steht für verdrängte Aspekte des Weiblichen. Das Nichtbeachten der eigenen Grenzen führt zu einer symbiotischen Beziehung. In ihr hat der Mann keinen wirklichen Zugang mehr zur Frau. Er versteinert. Und die Frau fliegt als Nachtigall weg. Die Tiefenpsychologin Verena Kast hat dieses Märchen auf subtile Weise erschlossen: Sie meint, Joringel habe seine Frau zu einer Nachtigall erhöht. Vom Gesang der Nachtigall sagt man, „er sei so klagend, so traurig, so voll Sehnsucht, gleichzeitig aber auch verführerisch aufreizend – aber sie bleibt unerreichbar". In der Symbiose wird die Frau übermenschlich, aber zugleich auch „nichtmenschlich, nicht mehr erreichbar".

Durch einen Zauberspruch wird Joringel wieder frei. Die Zauberin hat offensichtlich an ihm nicht viel Interesse. Er muss seine eigenen Entwicklungsschritte vollziehen, um zu einer reifen Beziehung zu seiner Braut fähig zu werden. Der erste Schritt ist, dass er die Schafe hütet. „Hüten heißt, etwas zusammenhalten; eigentlich hüten die Märchenhelden sich selber, sie sammeln ihre vitalen Kräfte." Dann kommt ihm ein Traum zu Hilfe, der ihm den Weg zu seiner Frau zeigt. Die blutrote Blume mit der weißen Perle sieht Verena Kast als Symbol für die „Verbundenheit von körperlicher und mystischer Liebe". Die Perle ist zugleich ein Bild der Zentrierung. Joringel hat sein Selbst entdeckt. Und er ist nun fähig zu einer Liebe, die die konkrete Frau mit ihrem Leib ernst nimmt, und in der Liebe zu ihr zugleich etwas von Transzendenz wahrnimmt. Es ist keine Liebe mehr, die festhält, sondern die in der Begegnung mit der Frau etwas anderes berührt, das dem eigenen Zugriff entzogen ist. Die Erfahrung von Transzendenz in der Liebe zur konkreten Frau, die in ihrer menschlichen Begrenztheit gesehen wird, befreit Joringel von seinen symbiotischen Bedürfnissen. Denn jetzt erfährt er nicht mehr die Symbiose mit seiner Frau, sondern letztlich die Symbiose in der Transzendenz. Und die schadet ihm offensichtlich nicht, sondern ermöglicht erst eine reife Liebe zur konkreten Frau.

Die Geschichte von Dornröschen

Ein ähnliches Motiv der Grenze taucht im Märchen von Dornröschen auf. Dornröschen wird von einer weisen Frau verflucht, sie solle sich mit 15 Jahren an einer Spindel stechen und daran sterben. Eine andere Frau kann diesen Fluch nur abmildern, indem sie den Tod in einen hundertjährigen Schlaf verwandelt. Trotz aller Vorsorge der Eltern, alle Spindeln wegzuschaffen, ereilt das Mädchen ihr Schicksal. Nicht nur sie schläft ein, sondern das ganze Schloss, die Eltern, die Angestellten, ja sogar die Tiere. Um das Schloss wächst eine hohe Dornenhecke. Immer wieder versuchen Prinzen, diese Hecke zu überschreiten, um Dornröschen zu befreien, von der man erzählte, sie sei die schönste Frau, die man sich denken könne. Doch die Freier gehen in der Hecke jämmerlich zugrunde. Erst als nach hundert Jahren ein junger Mann ohne Furcht die Grenze überschreiten möchte, gelingt es ihm. Die Dornen verwandeln sich in schöne Blumen, die ihn eintreten lassen.

Auch hier geht es um eine Grenze. Das Mädchen ist mit 15 Jahren seiner Sexualität begegnet. Sie hat sich daran verletzt. Sie ist noch nicht fähig, mit ihr umzugehen. Das führt dazu, dass sie eine Dornenhecke um sich braucht. Sie möchte auf der einen

Seite die Beziehung zum Mann. Auf der anderen Seite wehrt sie sich dagegen. Sie hat Angst, nochmals gestochen zu werden. Daher sticht sie lieber die, die um sie werben. Manche Mädchen schaffen um sich so eine Dornenhecke, die Männer gerade anzieht. Doch sobald ihnen ein Mann zu nahe kommt, ziehen sie sich hinter eine undurchdringliche Mauer zurück.

Die Dornenhecke symbolisiert auch eine zeitliche Grenze. Das Mädchen ist mit 15 Jahren noch nicht reif, mit der Spindel richtig umzugehen. Sie muss erst 100 Jahre schlafen, bevor sie zur Liebe reif ist. Hundert ist ein Bild der Ganzheit. Dornröschen muss erst ganz sie selbst werden, bevor ein Freier zu ihr vordringen kann. Die Grenze der Dornenhecke gewährt ihr den Schutzraum des Reifens. Nach 100 Jahren werden die Dornen in Blumen verwandelt. Jetzt laden sie den Freier ein, zu Dornröschen vorzudringen.

In unserem Leben erfahren wir immer wieder: Es gibt auch zeitliche Grenzen, die wir beachten müssen. Wir möchten etwas erzwingen, aber es geht nicht. Wir müssen warten, bis es an der Zeit ist. Das gilt für die Liebe zwischen Mann und Frau. Es gilt aber auch für wichtige Schritte in unserem Leben. Wir müssen manchmal warten, bis die Zeit für eine Entscheidung reif ist. In dieser Lage gilt es, die zeitliche Grenze zu wahren. Sonst bleiben wir – im Bild des Märchens gesprochen – in den Dornen hängen und verletzen uns selbst mit unseren Grübeleien oder mit unseren gewaltsamen Versuchen, eine Entscheidung zu erzwingen.

4. Wir leben in festgesetzten Grenzen

Von Hybris und Demut

Ein Wesen der Grenze

Das Buch Hiob erzählt eine Menschheitsgeschichte, die die Menschen aller Zeiten bewegt hat. Hiob hat in seinem Leid erfahren müssen, wie weh es tun kann, dass Gott dem Menschen feste Grenzen setzt. So klagt er Gott gegenüber: „Wenn seine Tage fest bestimmt sind und die Zahl seiner Monde bei dir, wenn du gesetzt hast seine Grenzen, so dass er sie nicht überschreitet, schau weg von ihm! Lass ab, damit er seines Tags sich freue wie ein Tagelöhner." (Hiob 14,5f) Hiob erlebt die Begrenztheit seines Lebens. Er hatte großen Besitz angehäuft und eine gesunde Familie. Jetzt ist ihm alles genommen worden. Er glaubt, dass Gott jedem Menschen seine Grenzen gesetzt hat, die Grenze, wie lange sein Leben währt, die Grenze, wie viel Kraft in ihm ist, und was er damit erreichen kann.

Die Philosophie sagt uns, dass der Mensch ein Wesen der Grenze ist. „Er ist eingewiesen in bestimmte, d. h. auch begrenzte geschichtliche, kulturelle und gesellschaftliche Situationen, die den Rahmen für seine Existenz bilden." So hat es Heinrich Fries einmal formuliert. Der Horizont, unter dem wir leben, ist begrenzt, unsere geschichtliche Existenz ebenso. Wir haben nur diese Eltern erlebt, nur diesen Ort und dieses Land, in dem wir aufgewachsen sind. Auch unsere Fähigkeiten sind nicht unbegrenzt. Wir sehnen uns zwar nach dem Unendlichen. Aber wir erfahren, dass wir nicht alles können, was wir wollen. Unsere Wünsche und Sehnsüchte gehen über die engen Grenzen hinaus, in die uns Gott gestellt hat. Und was wir erreichen, ist immer nur Stückwerk. Wir können unsere Grenzen nicht ausradieren. Wir möchten möglichst lange leben. Aber, so Fries, „diesem Leben werden Grenzen gesetzt durch Unglück, Naturkatastrophen, durch Bedrohung von Seiten der Menschen, durch Leiden und Krankheit des Leibes und der Seele“. Eine solche Beschreibung ist freilich nicht nur negativ: Wer wir sind, das erfahren wir an unseren Grenzen ebenfalls. Grenzerfahrungen, die uns an die Grenze unserer Belastbarkeit führen, können uns zwar bedrohen. Aber zugleich sind sie eine Chance für persönliches Wachstum. Sie laden uns ein, neue Lebensmöglichkeiten zu entwickeln. Die Existenzphilosophie hat solche Grenzerfahrungen beschrieben als Herausforderung, sich der eigenen Existenz gegenüber neu zu verhalten. Grenzerfahrungen zwingen mich, über mich und meine Möglichkeiten hinaus zu fragen. Letztlich verweisen sie mich auf Gott.

Für Hiob ist es Gott selbst, der unserem Leben Grenzen gesetzt hat. Seine Geschichte lehrt: Es ist Demut, Ja zu sagen zu den Grenzen, die Gott mir gesetzt hat. In allem, was ich tue, erfahre ich diese Grenze. Wenn ich schreibe, gelingt es mir nicht immer so, wie ich mir das in meiner Phantasie ausgedacht habe. Wenn ich in der Verwaltung etwas organisiere, bleibt immer noch ein Rest ungeklärt. In meinen Illusionen bin ich grenzenlos. Doch sobald ich meine Ideen verwirklichen möchte, stoße ich an Grenzen. Ich kann gegen diese Grenzen rebellieren. Doch ich stoße mir nur den Kopf wund. Der Kurzfilm „Die Mauer“ bringt diese Erfahrung anschaulich ins Bild. Da werden zwei Menschen vor einer Mauer gezeigt. Der eine findet sich mit der Grenze ab. Der andere läuft ständig gegen sie an. Schließlich stößt er mit seinem Kopf ein Loch durch die Mauer. Doch diesen Sieg bezahlt er mit dem Tod. Der andere geht durch das freie Loch. Aber kaum hat er die Mauer überwunden, erscheint schon wieder eine neue vor ihm. Es gibt offensichtlich viele Mauern, viele Grenzen, die uns einengen. Die Frage ist, wie wir uns angesichts unserer Grenzen verhalten. Mit dem Kopf durch die Wand zu gehen ist offensichtlich problematisch. Die Konsequenz kann sein, dass wir das – im übertragenen oder im wörtlichen Sinn – mit dem Leben bezahlen. Oder wir können die Grenzen akzeptieren und kreativ mit ihnen umgehen. Eine andere Möglichkeit wäre, die Grenzen zu verdrängen und einfach nur so dahin zu leben. Doch auch dies ist keine gute Alternative. Denn dann wird mein Leben langweilig und sinnlos. Ich muss mich den Grenzen stellen und mich an ihnen reiben. Das tut oft weh. Es erzeugt aber auch eine gesunde Spannung: die Spannung zwischen dem Akzeptieren der Grenzen und dem Hinausschieben und Überspringen.

Der spirituelle Weg geht anders mit den Grenzen um, die Gott uns gesetzt hat. Ich erkenne meine Grenzen an und verstehe sie als Zeichen meiner Geschöpflichkeit und Endlichkeit. Für den hl. Benedikt ist es ein Zeichen der Demut, zu seiner Endlichkeit und Begrenztheit zu stehen und sie zu akzeptieren. In seinem Kapitel über die Demut beschreibt Benedikt den Mönch, der sich seiner Begrenzung stellt, auch wenn es ihm schwer fällt: „Er erträgt alles, ohne müde zu werden und davonzulaufen; die Schrift sagt ja: Wer bis zum Ende standhaft bleibt, der wird gerettet. Ebenso: Dein Herz sei stark, und ertrage den Herrn!" (RB 7,36f) Die Standfestigkeit ist die Tugend, die vom Mönch gefordert wird, wenn er sich von den Grenzen, die ihm gesetzt sind von der Gemeinschaft, vom Abt und von Gott, eingeengt fühlt. Indem er standhaft bleibt, wächst er an den Grenzen. Und er lässt sich von seinen Grenzen auf den grenzenlosen Gott verweisen. Gott ist jenseits der Grenze. Er ermöglicht es uns, uns mit unseren Grenzen auszusöhnen.

Zeitgrenzen

Eine Grenze, die wir heute alle schmerzlich erleben, ist die Zeit. Unsere Zeit ist begrenzt. Als Kinder konnten wir zeitlos spielen. Da achteten wir nicht auf die Zeit. Heute gibt es ständig Termine: „Grenzsteine" unserer Möglichkeiten und Pflichten. Die Zeit, die wir für die Arbeit, für die Begegnung, für das Lesen, für das Spielen zur Verfügung haben, ist beschränkt. Der biologische Zeitrhythmus setzt uns natürliche Grenzen. Wir werden müde und kommen an unsere individuelle Leistungsgrenze. Manche wollen die Zeit überlisten, indem sie immer mehr und schließlich zuviel in eine bestimmte Zeitspanne hineinpacken. Jede Minute muss ausgenutzt werden. Doch irgendwann wird man, wenn man so lebt, unfähig, die Zeit überhaupt noch wahrzunehmen und zu genießen.

Eine schmerzliche Zeitgrenze erleben wir alle mit dem Älterwerden. Da merken wir, wie manches nicht mehr so geht wie früher. Viele überspringen ihre Zeitgrenzen. Sie meinen, sie könnten immer so weitermachen wie bisher. Doch die Missachtung ihrer zeitlichen Grenzen meldet sich dann nicht selten in einem körperlichen Zusammenbruch zu Wort. Bei der Pensionierung, dem sogenannten Ruhestand, werden uns von außen – sozusagen durch gesellschaftliche Übereinkunft – Grenzen gesetzt. Manche erleben diese Veränderung positiv und freuen sich auf den Freiraum, der sich ihnen dadurch auftut. Für andere ist es ein Einschnitt und eine schmerzliche Grenze. Sie finden sich nur schwer damit ab, bei Entscheidungen nicht mehr gefragt zu werden, ohne Terminkalender zu sein, der ihre Wichtigkeit dokumentiert. Von einem Tag auf den anderen ändert sich ihr Leben. Mit der Zeitgrenze der Pensionierung gut umzugehen, ist eine Kunst, die erst gelernt werden muss. Gerade heute, da die Leute immer älter werden, wäre es auch eine wichtige geistliche Aufgabe, diese Kunst zu lernen.

Grenzen des Wachstums

Die Gesellschaft erlebt heute schmerzlich den Abschied von der Vorstellung eines unbegrenzten Wachstums. Die Wissenschaftler des *Club of Rome* haben uns schon vor Jahrzehnten auf die „Grenzen des Wachstums" aufmerksam gemacht. 1972 ist ihr berühmt gewordener „Bericht zur Lage der Menschheit" erschienen, der dies prognostiziert hat. Seither ist die grenzenlose Wachstumsideologie zerbrochen. Auch die Wirtschaft kann nicht immer weiter wachsen. Alles, Produktion ebenso wie Konsum, stößt an seine Grenze. Die Menschen können nicht beliebig viel essen und trinken. Die Firmen können nicht immer nur auf Halde produzieren. Die Absatzmärkte sind begrenzt. Man kommt auch im Bereich des Wirtschaftens um die grundsätzliche Wahrheit nicht herum, dass alles menschliche Werk an Grenzen stößt, auch wenn unsere Wünsche und Sehnsüchte über die Grenze hinausreichen. Aber entweder mündet unsere Sehnsucht in eine euphorische Wachtumsideologie, die von der Realität eingeholt wird. Oder aber sie fixiert sich nicht bloß auf rein materielle Ziele. Letztlich wird unsere tiefste Sehnsucht nur erfüllt, wenn wir sie über die menschlichen Grenzen auf Gott hin ausrichten, der jenseits aller Grenzen ist.

Wahre Weisheit

Viele Menschen stoßen sich wie Hiob schmerzlich und existentiell an ihren Grenzen. Sie haben ihre festen Vorstellungen vom Leben und wollen es nicht akzeptieren, dass ihnen Grenzen gesetzt sind. Da hat sich einer etwa in den Kopf gesetzt, er müsse unbedingt Mathematik studieren. Wenn er es dann nicht schafft, kann er sich das Scheitern nicht eingestehen. Manche wollen mit aller Gewalt ein selbst gestecktes Ziel erreichen. Oft überfordern sie sich und reagieren dann mit Krankheit. Es gehört Demut dazu, sich seine Grenzen einzugestehen. Das Gegenteil der Demut ist die Hybris. In ihr identifiziere ich mich mit grenzenlosen Bildern, etwa mit dem Bild des Helden, der vor nichts Angst hat, mit dem Bild des Heilers, der jede Krankheit zu heilen vermag, mit dem Bild des Helfers, der jedem helfen kann, oder mit dem Bild des Machers, der alles kann, was er will. Der griechische Mythos erzählt uns in vielen Bildern, wie es dem Menschen geht, der seine Grenzen nicht wahrhaben will. Prometheus ist das Bild des Menschen, der seine Grenzen übersieht. Er raubt den Göttern das Feuer. Er nimmt sich etwas, was dem Menschen nicht zusteht. Zur Strafe wird er an einen Felsen im Kaukasus gefesselt. Ein Adler frisst täglich seine Leber, die dann immer wieder nachwächst. Der Adler erinnert bildhaft an die Größenphantasien, die ihn zu seinem Tun verleitet haben, und weist ihn schmerzlich in seine Grenzen.

Wir dürfen uns wie Hiob reiben an den Grenzen, die Gott uns gesetzt hat. Wir dürfen ausprobieren, ob wir die Grenze ein Stück weit überschreiten können. Vielleicht haben wir sie zu eng gesehen. Doch zur Weisheit des Menschen gehört es, sich einzugestehen, dass Gott uns auch Grenzen gesetzt hat, die wir nicht überschreiten können: die Grenze unserer Fähigkeiten, die Grenze unseres Leibes und unseres Geistes, und schließlich auch die Grenze unseres Lebens. Wir können das Ende unseres Lebens durch medizinische Anstrengungen noch so sehr hinausschieben. Es wird kommen. Und angesichts dieses Endes zu leben, anstatt die eigene Begrenztheit zu leugnen, das ist wahre Weisheit.

5. Grenzen muss man kennen lernen

Von klaren Regeln und notwendiger Reibung

Schutz vor Überforderung

Kohelet war ein Weisheitslehrer, der die Weisheit der Juden und der Griechen miteinander verbunden hat. Er hat die Menschen in ihrem Verhalten beobachtet und musste erkennen: „Der Mensch kennt seine Grenze nicht." (Koh 9,12) Was der Weisheitslehrer über den Menschen ganz allgemein aussagt, das gilt heute vor allem für die Kinder. Viele Eltern haben heute Probleme, ihren Kindern Grenzen zu setzen. Daher wachsen viele Kinder ohne Grenzen auf. Sie wissen gar nicht, wo die Grenze ist, die sie nicht überschreiten sollen. Der Hamburger Pädagoge Jan-Uwe Rogge hat in seinem Buch „Kinder brauchen Grenzen" mit viel Humor, aber auch mit Nachdrücklichkeit, die Eltern aufgefordert, den Kindern klare Grenzen zu setzen. Sonst brauchen sie sich nicht zu beschweren, wenn ihnen die Kinder auf der Nase herumtanzen. „Grenzen setzen meint, sich gegenseitig in der Persönlichkeit zu achten und zu respektieren." (Rogge)

Viele Eltern tun sich schwer, ihren Kindern Grenzen zu setzen, denn sie wollen das Beste für ihre Kinder. Oft leiden sie selbst darunter, dass ihre Eltern ihnen zu enge Grenzen gesetzt haben, die sofort mit Strafen und Strafandrohungen verbunden waren. Das wollen sie ihren eigenen Kindern ersparen. Aus Angst, die Kinder den gleichen Erfahrungen auszuliefern, die sie selbst durchgemacht haben, setzen sie kaum noch Grenzen. Doch damit tun sie sich selbst und den Kindern keinen Gefallen. Denn die Kinder können sich an den fehlenden Grenzen nicht mehr reiben. Reibung erzeugt Wärme. Grenzen setzen ist also durchaus ein Zeichen von Liebe. Eine Erziehung, die keine Grenzen setzt, wird von den Kindern nicht als Freiheit und Liebe erfahren, sondern als Gleichgültigkeit und „Nichtverwahrtsein“ (Christa Meves). Das überfordert die Kinder und macht sie aggressiv.

Konsequenz in der Erziehung

Die Kinder, denen keine Grenzen vorgegeben werden, sehen sich gezwungen, immer auffälliger zu werden, damit sie endlich die Grenzen der Eltern erfahren. Rogge meint: „Festigkeit schafft Grenzen, wo sie fehlen, herrscht Unsicherheit, fangen Kinder an, Grenzen auszutesten, um zu erfahren, wie weit sie gehen dürfen.“ Eltern, die keine Grenzen setzen, werden von ihren Kindern tyrannisiert. Irgendwann „explodieren“ die Eltern. Das verunsichert die Kinder dann noch mehr. Es schafft keine Klarheit. Die Kinder fühlen sich nicht ernst genommen. Manche Eltern versuchen, Grenzen zu setzen. Aber sie sind nicht konsequent in ihrem Handeln und lassen sich von den Kindern manipulieren. Kinder haben ein gutes Gespür, wie sie ihre Eltern „rumkriegen“ können. Die einen haben ihre Eltern in der Gewalt, indem sie ihnen ein schlechtes Gewissen einimpfen, die anderen, indem sie androhen, sich etwas anzutun, oder indem sie ihnen vorwerfen, dass sie ja sowieso ungeliebt seien. Wer Grenzen setzt, muss auch konsequent sein. Sonst werden die Kinder die Grenzen immer wieder umgehen. Darauf weist Rogge besonders hin: „Wer ständige Grenzüberschreitungen des Kindes ignoriert, sich ihnen gegenüber gleichgültig verhält, trägt nicht allein zur Verstärkung zerstörerischer Aktivität und Haltungen bei, sondern behindert die Ausbildung eines Selbstwertgefühls, verhindert das Gefühl gegenseitigen Respekts und gegenseitiger Achtung.“

Viele Eltern tun sich schwer, Grenzen zu setzen, weil sie nicht altmodisch erscheinen möchten. Die Kinder wissen auch genau, wie sie den Eltern dadurch ein schlechtes Gewissen vermitteln können. Sie sagen: „Alle dürfen das. Alle haben das. Nur ihr seid so altmodisch und so eng, es mir nicht zu erlauben." Es braucht dann eine innere Klarheit und Sicherheit, um sich gegen solche Manipulationsversuche abzugrenzen. Andere Eltern setzen keine Grenzen, weil sie die Auseinandersetzung scheuen. Sicher: Wer Grenzen setzt, setzt sich der Kritik der Kinder aus. Und die fällt oft sehr hart aus. Kinder haben in den Medien genügend Strategien erfahren, wie sie Eltern, die Grenzen setzen, zusetzen können. Als meine Schwester ihrem 13-jährigen Sohn einmal eine Grenze setzte, maulte er und warf ihr vor, wie altmodisch sie sei. Aber nach ein paar Wochen meinte er: „Ihr kümmert euch wenigstens noch um mich. Die anderen Eltern erlauben alles, damit sie ihre Ruhe haben." Der Sohn spürte, dass die Grenzsetzung nicht aus Ablehnung oder aus einer bloßen Laune heraus geschah, sondern weil die Mutter ihn ernst nahm. Sie wagte die Auseinandersetzung mit ihm, weil ihr an ihm lag. Das respektierte er, auch wenn er natürlich zuerst versucht hatte, die Grenzsetzung aufzulösen, indem er in meiner Schwester ein schlechtes Gewissen hervorrufen wollte.

Die Entwicklungspsychologie sagt uns: Es ist vor allem der Vater, der Grenzen setzt. Doch viele Väter verweigern sich dieser Aufgabe. Sie wollen lieber verständnisvolle Väter sein, als zu autoritär zu erscheinen. Doch wenn sie ihre Vaterrolle aufgeben, finden die Kinder nie ihre eigene Identität. Sie wissen nicht, woran sie sich halten sollen. Es ist eine Erfahrungstatsache, dass vaterlose Kinder häufig kriminell werden, weil sie nie erlebt haben, wo ihre Grenzen sind, und weil sie nie angehalten wurden, sich an die vorgegebenen Grenzen zu halten. Der Psychiater Horst Petri, der ein Buch über die „Vaterentbehrung" geschrieben hat, fasst die Ergebnisse empirischer Forschungsprojekte zusammen und konstatiert vor allem bei Jungen, die keinen Vater hatten, eine „ausgeprägtere Neigung zu Regelverletzungen, Grenzüberschreitungen und aggressivem Verhalten, die unter entsprechend ungünstigen Umweltbedingungen nicht selten in Verwahrlosung und Kriminalität münden können“. Jungen, so Petri, leiden unter der Vaterentbehrung noch mehr als Mädchen. Der Vater ist vor allem wichtig für die Gewissensbildung und für „das Erlernen sozialer Normen und Verhaltensstandards“. Wo der Vater seine Aufgabe nicht erfüllt, besteht die Gefahr, dass die Jungen nie lernen, sich an Grenzen zu halten. Sie meinen dann, die Welt würde sich nach ihnen richten. Mit dieser unrealistischen Einstellung zur Wirklichkeit scheitern sie häufig, sobald die ersten Schwierigkeiten im Leben auftauchen und sie in ihre Grenzen weisen.

Was Kinder wirklich wollen

Eltern tun den Kindern keinen Gefallen, wenn sie nur verständnisvoll sind und mit ihnen über ihr auffälliges Verhalten bloß diskutieren. Die Kinder haben für dieses „Gelaber“ dann oft nur verächtliche Worte. Sie spüren genau, dass die Eltern zu feige sind, die Auseinandersetzung mit ihnen zu wagen. Sie sagen dann: „Du nervst mich.“ Kinder *brauchen* nicht nur, sie *wollen* auch Eltern, die klar sagen, was sie wollen. Dann, wenn das geklärt ist, können sie mit ihnen kämpfen. Doch viele Eltern schrecken vor dieser Vorstellung zurück. Sie wollen nur Verständnis zeigen und letztlich Verständnis der Kinder erfahren, anstatt ihre Rolle als Vater oder Mutter ernst zu nehmen.

Jan-Uwe Rogge erzählt dazu ein Beispiel. Er ist bei einer Frau, die sich über ihren Sohn beschwert, der sich an nichts hält. Aber auf die Nachfrage, an was konkret er sich denn halten soll, wird klar, dass sie gar keine klaren Grenzen setzt. Sie setzt einfach voraus, dass er doch eigentlich wissen müsste, was er zu tun hat. In der Folge provoziert sie der Sohn immer mehr. Als die Mutter mit dem Pädagogen spricht, platzt der Junge herein und sagt, er habe Durst. Sie meint, er solle sich den Saft im Kühlschrank nehmen, den er möchte. Er nimmt den O-Saft. Doch dann kommt er wieder, weil er ihm zu kalt ist. Als die Mutter ihn zurückschickt, er solle sich nehmen, was er möchte, kommt er kurz darauf weinend wieder. Er hat die Flasche auf den Boden fallen lassen, so dass sie zerbrochen ist. Als Jan-Uwe Rogge sich mit ihm unterhält, wird klar, dass er genau weiß, wie er seine Mutter zum Platzen bringt. Und er kostet die Rituale richtig aus. Wenn seine Mutter nicht mehr weiter weiß, dann schlägt sie ihn. Doch es tut ihr dann so leid, dass er in diesem Augenblick alles von ihr haben kann. Als Rogge ihn fragt, wie die Mutter denn reagieren sollte, meinte er: „Also wenn ich Scheiße mache, soll sie das sagen!“ Und dann erklärt er dem Pädagogen, warum er die Mutter so provoziert hat: „Ich wollte mal sehen, wie weit die geht.“ Und zugleich erkennt er: „Mit dir kann ich das nicht machen, glaub ich jedenfalls nicht. Aber ich würd's versuchen.“ Diese Geschichte zeigt eindrucksvoll: Kinder sehnen sich letztlich danach, dass Eltern klar sagen, was sie wollen. Wenn sie immer nur reden und immer nur Verständnis zeigen, überfordert das die Kinder. Die Eltern sprechen dann letztlich zu ihrem eigenen kindlichen Ich, aber nicht zu ihren Kindern. Kinder wollen Grenzen, um in der Reibung an ihnen sich zu erfahren und sich ihrer Eltern zu versichern. Das verlangt von Eltern die Bereitschaft, sich auseinanderzusetzen und sich im Konfliktfall auch einmal als „altmodisch“ und „völlig blöd“ bezeichnen zu lassen.

6. Abgrenzung kann heilsam sein

Von gesunder Aggression und Distanz

Eine heilsame Abweisung

Auch im Blick auf unser Thema gibt es überraschende Entdeckungen im Blick auf die Person Jesu. Der Evangelist Markus beschreibt uns Jesus als den Heiler, zu dem viele Kranke kommen, um von ihm geheilt zu werden. Als allerdings eine griechische Frau zu ihm kommt und ihn bittet, er möge ihre kranke Tochter heilen, da verhält sich Jesus zunächst gar nicht sehr hilfsbereit. (Mk 7,24–30) Er grenzt sich vielmehr ab und hält der Frau einen Spiegel für ihr eigenes Verhalten vor Augen. Wir machen in Bibelarbeiten immer wieder die Erfahrung: Viele Frauen ärgern sich über das Verhalten Jesu. Vergegenwärtigen wir uns die Szene: Jesus hatte sich mit seinen Jüngern in das Gebiet von Tyrus zurückgezogen, um genügend Zeit für die Unterweisung zu haben und nicht durch die politischen Wirren in Galiläa gestört zu werden. Man könnte sagen: Er ist ins Ausland gegangen und hat sich in die Klausur zurückgezogen, um mit seinen Jüngern allein zu sein. Doch eine griechische Frau kommt zu ihm und fällt ihm zu Füßen. Man kann sich vorstellen, wie sie seine Füße mit ihren Armen umschlingt. Sie bittet ihn, er möge ihre Tochter heilen, die vom Dämon besessen ist. Doch Jesus grenzt sich ab. Er geht nicht gleich mit der Bittstellerin mit, sondern zeigt ihr auf, warum ihre Tochter krank geworden ist. Er macht der Mutter deutlich: Weil sie zu sehr um die eigenen Bedürfnisse besorgt war, ist ihre Tochter nicht satt geworden. Die schroffe Abweisung Jesu gegenüber der Hilfe suchenden Frau schockiert oder irritiert manche Bibelleser. Sie haben das Bild des allzeit zur Hilfe bereiten Jesus vor Augen und tun sich schwer, diese klare Abgrenzung Jesu zu verstehen. Sie erleben die Abgrenzung als Abweisung. Doch die Geschichte zeigt das Gegenteil: Gerade durch die Abgrenzung wird es eine heilsame Begegnung.

Mütter und Töchter

Indem Jesus sich der bittenden Frau gegenüber abgrenzt, ermöglicht er es ihr, dass sie sich selbst von ihrer Tochter abgrenzt. Die Beziehung zwischen Mutter und Tochter gelingt nur, wenn beide sich gut voneinander abgrenzen können. Natürlich bedeutet das keine absolute Abgrenzung. Die Tochter braucht auch die Mutter, um in der Begegnung mit ihr ihre eigene Identität als Frau zu entfalten. Doch solange die Grenzen zerfließen, kann die Tochter die eigene Identität nicht finden. Die Unklarheit ist wie ein Dämon, der sich auf sie legt. Sie kommt nicht mehr mit sich zurecht. Und auch die Mutter weiß nicht mehr, wie sie mit der Tochter umgehen soll. Sie meint ihrerseits, die Tochter sei vom Dämon besessen. In Wirklichkeit ist es nur die mangelnde Grenze, die zu dem Konflikt zwischen Mutter und Tochter führt. Die Psychotherapeutin Thea Bauriedl nennt die symbiotische Beziehung zwischen Mutter und Tochter eine „grenzenlose Beziehung“. Wenn die Beziehung zwischen Mutter und Tochter keine klaren Grenzen kennt, weiß die Tochter nicht, wo sie steht. Sie verliert die Beziehung zu den eigenen Gefühlen und macht sich die Gefühle der Mutter zu eigen. Sie kann nicht sagen, was sie eigentlich selber fühlt. Manche Töchter reagieren auf diese Grenzenlosigkeit so, dass sie sich vor der Mutter völlig verschließen. Sie grenzen sich der Mutter gegenüber so stark ab, dass es die Mutter verletzt. Die Mutter fühlt sich dann ihrerseits hilflos gegenüber der Tochter. Sie kommt nicht mehr an sie heran. Und doch beschäftigt sie sich ständig mit ihr. Thea Bauriedl spricht im Blick auf die grenzenlose Beziehung von einer Doppelbindung. Das Kind möchte die Mutter lieben. Aber zugleich denkt sie, die Mutter hätte Angst vor dieser Liebe. Also unterdrückt sie das Gefühl. Diese Doppelbindung macht sie unfähig zu klaren Beziehungen. Sie fühlt sich angezogen von Menschen, möchte ihre Liebe, unterdrückt sie aber zugleich aus Angst, sie könnte den anderen zu nahe kommen und die anderen könnten diese Liebe nicht wollen.

Äußere und innere Abgrenzung

Grenzenlose Beziehungen zwischen Mutter und Tochter haben für die Tochter fatale Konsequenzen. Eine Frau hatte von ihrer Mutter als Botschaft immer wieder den Satz gehört: „Wenn du nicht brav bist, sterbe ich." Die Aufforderung, brav zu sein, war nicht nur eine moralische Forderung. Sie war verbunden mit einer massiven Drohung. Das führte schließlich dazu, dass die Frau innerlich völlig an ihre Mutter gebunden war. Wenn sie einen Fehler machte, bekam sie schon Angst, sie würde dadurch ihre Mutter verletzen und ihren Tod herbeiführen.

Aber auch die Mutter wird von einer grenzenlosen Beziehung zur Tochter überfordert. Sie kennt sich nicht mehr aus mit ihrer Tochter und kann ihr Verhalten nicht einordnen. Und so versucht sie, die Tochter zu verstehen und ihr noch mehr Nähe zu zeigen. Oft genug verwöhnt sie dann die Tochter, um das eigene schlechte Gewissen zu beruhigen. Sie meint, sie hätte etwas falsch gemacht in der Erziehung und möchte das jetzt wieder gutmachen. Aber die Verwicklung wird nur immer heilloser. Jesus gibt der Mutter den Mut, sich auch ihrer Tochter gegenüber abzugrenzen. Sie darf auch ihre eigenen Bedürfnisse ernst nehmen und ihre Grenze achten. Wenn sie sich der Tochter gegenüber abgrenzen kann, dann wird auch die Tochter ihren Raum finden, in dem sie selbst aufblüht und ihre eigene Identität findet.

Viele Töchter leiden darunter, dass ihre Mutter ihre Grenze ständig überschritten hat. Sie durften als Mädchen ihr Zimmer nicht verschließen. Die Mutter hat ihr Tagebuch gelesen. Sie hatten keinen eigenen Bereich, in dem sie sich sicher fühlen konnten. Wenn solche Töchter erwachsen sind, haben sie immer noch den Eindruck, ihre Mutter würde ihnen dreinreden. Sie haben dann auch Probleme, sich gegenüber anderen Menschen oder ihren eigenen Kindern abzugrenzen. Die Unfähigkeit ihrer Mutter, sich abzugrenzen, übernehmen sie unbewusst selber. Sie fühlen sich innerlich immer noch ständig von der Mutter beobachtet und beurteilt. Und sie haben dann auch in ihrem eigenen Bereich Probleme, sich abzugrenzen gegenüber ihrer Familie oder gegenüber den Wünschen ihrer Arbeitskolleginnen. Die Ermutigung Jesu ist da heilsam: sie dürfen sie selbst sein und sich von der Mutter trennen. Nur wenn die Trennung zwischen Tochter und Mutter gelungen ist, kann eine fruchtbare Beziehung wachsen, in der die Tochter auch die positiven Wurzeln erkennen kann, die ihr die Mutter gegeben hat. Und dann werden solche Frauen auch fähig sein, sich im Leben auf gute Weise abzugrenzen gegenüber den Erwartungen von außen.

Es geht aber nicht nur um äußere Abgrenzung. In der Beratung und Begleitung begegnen wir solchen Konstellationen immer wieder: Viele Töchter sind innerlich an die Mutter gebunden. Auch wenn sie sich nach außen hin erfolgreich abgegrenzt haben, haben sie, oft unbewusst, die Schattenseite der Mutter übernommen. Die Mutter war nach außen hin immer freundlich und hilfsbereit. Doch unbewusst ging von ihr Lebensverneinung aus. Die Tochter weiß gar nicht, warum sie sich manchmal so lebensmüde, gelähmt und ausgelaugt fühlt. Erst in der Therapie wird ihr bewusst, dass sie die Schattenseite der Mutter lebt. Es braucht oft lange, sich auch im Unbewussten von der Mutter abzugrenzen. Denn im Unbewussten sind wir vom anderen beeinflusst, ob wir es wollen oder nicht. Indem wir uns das Unbewusste bewusst machen, können wir uns langsam von den Schattenseiten der Mutter abgrenzen. Wir werden den Schatten immer wieder erfahren, selbst wenn wir uns abgrenzen. Bei einer solchen Beziehungskonstellation besteht die Kunst darin, den Schatten erst einmal wahrzunehmen und sich dann zu distanzieren. Wenn ich mich ausgelaugt fühle, kann ich mir sagen: „Das ist wieder der Schatten meiner Mutter. Das ist die Depressivität meiner Mutter. Ich lasse sie bei ihr." Indem ich den unbewussten Einfluss der Mutter erkenne, kann in mir die Kraft wachsen, mich aufzurichten und mein Leben aktiv in die Hand zu nehmen. Indem ich mich vom Schatten distanziere, komme ich mit der Kraft in Berührung, die auch in mir liegt.

Gesunde Distanz

Häufig erzählen Frauen, dass sie sich schwer tun, sich gegenüber ihrer alten pflegebedürftigen Mutter abzugrenzen. Sie möchten zwar ihre Mutter selber pflegen und ihr den Lebensabend erleichtern. Aber dann merken sie, wie sie mit innerem Widerstand zur Mutter gehen, wie sie aggressiv werden, wenn die Mutter einen Wunsch äußert. Eine Frau meinte: „Wenn ich von der Mutter weggehe, fühle ich mich immer schwächer, wie ausgesaugt." Sie nimmt die Unzufriedenheit der Mutter in sich auf und lässt sich von ihr verletzen. Gerade in einer solchen Situation ist es notwendig, sich gut abzugrenzen. Eine Hilfe kann etwa sein, sich vor dem Besuch kurz hinzusetzen und zu meditieren, damit man ganz bei sich ist. Je mehr jemand mit sich in

Berührung ist, desto weniger kann der andere die eigene Grenze verletzen. Ich nehme wahr, was die Mutter möchte. Ich wehre mich nicht dagegen, sondern nehme es einfach wahr. Aber ich traue dann meinem Gespür, auf welche Wünsche ich eingehen möchte und auf welche nicht. Auf diese Weise wird eine nicht vereinnahmende, freie und zugleich liebevolle Beziehung zur Mutter möglich, die beiden hilft.

Eine andere Hilfe ist, die Gefühle, die man in der Begegnung mit der Mutter in sich wahrnimmt, der Mutter zurückzugeben. Ich stelle mir z. B. vor, wie die Unzufriedenheit, die ich spüre, in meiner Mutter ist. Dann wächst in mir ein anderes Gefühl. Ich empfinde eher Mitleid über diese alte Frau, die sich selbst nicht akzeptieren kann, die in sich zerrissen und unzufrieden ist. Diese Übung hilft mir, geduldiger und milder mit der Mutter umzugehen, ohne mich selber zu überfordern. Ich kann nicht verhindern, dass in der Begegnung mit anderen Menschen in mir negative Gefühle auftauchen. Oft übernehme ich die Gefühle, die im anderen sind. Insofern kann ich an meinen eigenen Gefühlen erkennen, wie es dem anderen wirklich geht. Indem ich die Gefühle dem anderen wieder zurückgebe, komme ich in mir mit meinen eigenen Gefühlen in Berührung. Statt der Aggression begegne ich dann meiner inneren Klarheit, statt der Unzufriedenheit dem Mitleid, statt der Depressivität meiner eigenen Kraft. In der Begegnung überspringen die Emotionen des anderen meine eigene Grenze. Indem ich dies wahrnehme, kann ich mich wieder abgrenzen: Ich lasse die Emotionen beim anderen und schaue sie von einer gesunden Distanz her an, ohne sie zu bewerten oder zu beurteilen.

7. Die eigenen Grenzen nicht verletzen lassen

Von äußerem Druck und der eigenen Mitte

Ganz bei sich

Wer in seiner eigenen Mitte ist, ist gegen Verletzungen seiner Grenzen am ehesten gefeit. Der Evangelist Markus beschreibt das in einigen Szenen: Jesus ist ganz bei sich und lässt sich nicht aus der eigenen Mitte bringen. Er lässt sich nicht von andern die Spielregeln vorschreiben, nach denen er zu handeln hätte. Im Gegenteil: Er ist souverän. Er ist mit sich selbst in Berührung und tut das, was er von innen heraus als für sich stimmig spürt. Seine Gegner möchten gerne über ihn verfügen und ihn für sich vereinnahmen. Doch sie bringen es nicht fertig, über die Grenze, die er ihnen weist, vorzudringen.

Zwei Szenen sind in diesem Zusammenhang besonders aufschlussreich. Da ist einmal die Schilderung in Mk 3, 1–6: Jesus geht am Sabbat als frommer Jude in die Synagoge. Dort sieht er einen Mann, dessen Hand verdorrt ist. Jesus ergreift die Initiative. Er fordert den Mann auf: „Steh auf und stell dich in die Mitte!“ (Mk 3,3) Jesus hätte einfach nur zuhören und sich dem Gebet überlassen können. Doch er spürt einen inneren Impuls, den kranken Mann zu heilen. Zugleich merkt er, dass die Pharisäer ihn beobachten. Sie suchen einen Grund, ihn anzuklagen. Wenn er am Sabbat einen Kranken heilt, der nicht in Lebensgefahr schwebt, dann hätten sie einen Grund zu einer solchen Anklage. Jesus lässt sich von den Pharisäern nicht einschüchtern. Er stellt ihnen vielmehr eine sehr klare und zugleich scharfe Frage: „Was ist am Sabbat erlaubt: Gutes zu tun oder Böses, ein Leben zu retten oder es zu vernichten?“ (Mk 3,4) Jesus ist der aktiv Handelnde. Er zwingt seine Gegner zu einer Reaktion. Doch sie sind zu feige. Sie trauen sich nicht zu antworten. Denn die Frage, die Jesus ihnen stellt, zeigt ihre wahre Absicht auf. Wenn sie auf die Einhaltung der Gebote pochen, dann tun sie am Sabbat Böses, dann vernichten sie Leben. Und das können sie sich selbst nicht eingestehen. Also schweigen sie. Doch Jesus gibt ihnen keine Macht. Er schaut sie der Reihe nach an, „voll Zorn und Trauer über ihr verstocktes Herz“ (Mk 3,5). Der Zorn ist die Kraft, mich vom anderen zu distanzieren, eine klare Grenze zu ziehen: „Da bist du und hier bin ich. Du darfst so sein, wie du bist. Ich mache dir keinen Vorwurf. Aber ich stehe zu dem, was ich denke. Du darfst ein hartes und verstocktes Herz haben. Aber es ist dein Problem. Ich lasse mich davon nicht bestimmen.“ Und Jesus tut das, was er für richtig hält. Er gibt den Erwartungen und der Haltung der Pharisäer keine Macht. Er lässt nicht zu, dass sie seine Grenze überschreiten und ihm mit ihrer rigorosen Haltung vorschreiben, was er zu tun hat. Er ist souverän. Er handelt aus der eigenen Mitte heraus. Die anderen möchten seine Grenze verletzen. Aber er lässt es nicht zu. Er schützt sich vor dem Übergriff.

Innere Stimmigkeit

Wir lassen uns häufig von den Erwartungen und Urteilen der anderen bestimmen. Wir stehen nicht zu dem, was wir für richtig halten. Sobald der Meinungsdruck von außen zu groß wird, verlassen wir das eigene Gebiet. Aus Rücksicht auf die Meinungen um uns herum passen wir uns an. Damit aber verlieren wir die eigene Kontur. Wir verschwimmen. Wir passen uns an und verlieren zugleich unsere Selbstachtung. Wenn wir uns zu oft den Erwartungen der anderen angepasst haben, geht uns das Gespür dafür verloren, was wir selber wollen. Wir sind nicht mehr in

Kontakt mit unserem eigenen Gefühl. Wir lassen uns von außen vorschreiben, wie wir uns fühlen und wie wir handeln sollen. Doch das führt immer mehr zur Entfremdung von unserem eigenen Selbst. Wir lassen andere über unsere Grenzen schreiten und unser Gebiet von ihnen bestimmen. Es ist faszinierend, wie klar und frei Jesus ist. Die Aggression ermöglicht es ihm, sich klar von den Pharisäern abzugrenzen und sich von ihrem Einfluss innerlich zu befreien. Er steht in sich und tut das, was er von innen heraus als richtig spürt. Nach solcher Klarheit und Freiheit sehnen wir uns. Freilich kostet diese Klarheit Jesus in der Konsequenz das Leben. Doch die innere Stimmigkeit ist ihm wichtiger als der Beifall der Massen.

Noch eine andere Szene zeigt, wie Jesus aus der inneren Freiheit heraus handelt und nicht unter dem Druck steht, sich zu rechtfertigen. Wir versuchen uns selbst häufig zu rechtfertigen, wenn wir einmal nein sagen. Wir setzen uns selbst unter Rechtfertigungsdruck und möchten begründen, warum wir das oder jenes jetzt nicht können. Jesus verzichtet auf solche Begründungen. Er tut einfach, was er denkt. Und er lässt sich auch in seinem Sprechen nichts aufdrängen. Er übernimmt selbst die Initiative. Er stellt den andern eine Frage, anstatt auf ihre Fragen zu antworten. Immer wenn wir uns gedrängt fühlen, alle Fragen der anderen zu beantworten, sind wir in Gefahr, uns in die Enge treiben zu lassen. Wir müssen uns erst einmal verteidigen und rechtfertigen. Und auf einmal merken wir, dass wir die Grenzüberschreitung der anderen bereits zugelassen haben. Wir haben uns von ihnen die Spielregeln aufzwingen lassen. Ganz anders Jesus. Er handelt aus seiner eigenen Mitte und lässt sich von außen nicht vorschreiben, was er zu tun hat. Er lässt sich auch nicht dazu hinreißen, sein Handeln begründen zu müssen. Vielmehr stellt er ihnen die Fragen, die ihn bedrängen. Damit weist er ihnen eine Grenze zu, die sie nicht zu überschreiten vermögen.

Souverän agieren

Markus erzählt uns noch von einer anderen Szene, in der wir von der inneren Freiheit Jesu lernen können. Einige Pharisäer und Anhänger des Herodes kommen zu Jesus und wollen ihn in eine Falle locken. Sie versuchen, ihn zunächst zu vereinnahmen, indem sie ihn loben und als Meister bezeichnen, der immer die Wahrheit sagt. Schon diese scheinbar positive Vereinnahmung ist ein Versuch, seine Grenze zu missachten und über ihn Macht zu gewinnen. Manche werden machtlos, wenn man ihnen Komplimente macht. Man schmeichelt ihnen – und schon sagen sie nicht mehr das, was sie wirklich denken. Sie versuchen, das Kompliment durch ihre Worte und durch ihr Verhalten zu bestätigen. Sie sind nicht mehr sie selbst. Doch Jesus ist gegen solche Übergriffe gefeit. Er bleibt in seiner Mitte. Er lässt sich nicht in eine bestimmte Richtung drängen.

Die Herodianer stellen Jesus eine Fangfrage: „Ist es erlaubt, dem Kaiser Steuer zu zahlen, oder nicht? Sollen wir sie zahlen oder nicht zahlen?“ (Mk 12,14) Ganz gleich, wie Jesus antwortet, man könnte ihm daraus einen Strick drehen. Wenn er sagt, man solle dem Kaiser die Steuer zahlen, hätte er die Zeloten und frommen Juden gegen sich. Sie würden sich enttäuscht von ihm abwenden und meinen, er würde gemeinsame Sache mit den Römern machen. Wenn er die Steuer verweigert, hätte er die Anhänger des Herodes gegen sich. Sie würden ihn bei Herodes und den Römern verklagen. Der Aufruf zur Steuerverweigerung war Grund genug, jemanden zu verhaften und zu töten. Die Pharisäer waren sich selber nicht klar über diese Frage. Eigentlich waren sie gegen die Steuer. Aber zugleich waren sie meistens zu feige, ihre Ansicht auch in die Tat umzusetzen. So mogelten sie sich durch. Jesus lässt sich nicht auf die Frage ein. Er weigert sich, sich von den Fragestellern in die Enge treiben zu lassen. Er ergreift auch hier die Initiative. Er befiehlt den Pharisäern: „Bringt mir einen Denar, ich will ihn sehen." (Mk 12,15) Die Phariäser bringen ihm einen Denar und müssen damit schon zugeben, dass sie letztlich den Kaiser anerkennen. Jesus schafft eine Atempause. In ihr kann er seine Strategie überlegen. Er lässt sich nicht auf das Kalkül der Fragesteller ein. Er fragt seine Gegner, wessen Bild und Aufschrift auf der Münze steht. Sie antworten: „Des Kaisers." Nun sagt Jesus ein Wort, das seine innere Freiheit ausdrückt und die Fragesteller mundtot macht: „So gebt dem Kaiser zurück, was dem Kaiser gehört, und Gott, was Gott gehört!" (Mk 12,17) Jesus beantwortet also nicht die Frage nach der Steuer. Er sagt nur, dass sie das zurückgeben sollen, was sie vom Kaiser empfangen haben. Gemeint sind das wirtschaftliche System, der Straßenbau, die Infrastruktur, das Geldwesen. All das gehört dem Kaiser. Sie sollen nur zurückgeben, was sie erhalten haben. Aber sich selbst, ihr Menschsein, das haben sie von Gott empfangen. Das sollen sie Gott zurückgeben. Darüber hat kein Kaiser Macht. Der Mensch gehört Gott und nicht irgendeinem Mächtigen. Auf diese Antwort bleiben die Fragesteller sprachlos.

Wir erleben häufig, wie wir uns durch Anfragen in die Enge treiben lassen. Ein ganz alltägliches Beispiel: Da ruft jemand an und möchte einen Gesprächstermin mit uns ausmachen. Wenn wir antworten, dass wir leider keinen Termin frei haben, akzeptieren sie das Nein nicht, sondern bohren weiter. Häufig werden wir daraufhin ärgerlich und zählen alle möglichen Begründungen auf, warum es wirklich nicht geht. Und schon fühlen wir uns in die Enge getrieben. Auch in einer solchen Alltagssituation ist ein Blick auf das eben erzählte Beispiel hilfreich: Jesus lässt sich nicht in die Enge treiben. Er handelt souverän. Weil er aus dieser inneren Freiheit heraus spricht, wird er nicht aggressiv, sondern bleibt ruhig und klar. Immer wenn wir uns selber diese innere Freiheit erlauben oder wenn wir sie spüren, dann können wir ruhig nein sagen, ohne uns verteidigen zu müssen. Die eigene Grenze zu betonen, ohne sich rechtfertigen zu müssen, ist ein Weg, der uns zudem viel Energie und Kraft ersparen kann. Jesus zeigt auch für diese Alltagssituation: Wir sollen uns nicht aus der Rolle des Handelnden heraustreiben lassen. Wenn wir auch am Telefon der eigentlich Handelnde sind, kostet es uns weniger Energie, uns abzugrenzen. Sobald wir uns rechtfertigen und unsere Abgrenzung begründen, haben wir den Anrufer schon über unsere Grenze hinweg vordringen lassen. Er ist schon in unserem inneren Bereich. Und wir meinen, wir könnten ihn nur durch weitere neue und bessere Begründungen aus diesem Bereich herausschieben. Jesus will uns etwas anderes zeigen: Ich brauche mich nicht zu rechtfertigen. Ich sage das, was ich für stimmig empfinde. Das genügt. Ich muss mich nicht unter Druck setzen, dass der andere mein Nein verstehen und für gut heißen muss. Ich habe nein gesagt. Das genügt. Was der andere denkt, ist seine Sache. Darüber muss ich mir nicht den Kopf zerbrechen.

Notwendige Unterscheidungen

In der Begleitung hören wir von den verschiedensten Strategien, die Grenzen eines Menschen zu überschreiten. So erzählt eine Frau von der Strategie ihres Freundes, in ihr Schuldgefühle zu erzeugen, wenn sie einmal den Mut findet, sich abzugrenzen. Da sie eine spirituelle Frau ist, sind die Schuldgefühle ihre Achillesferse. Sobald ihr Freund ihr die Schuld an den Schwierigkeiten in der Beziehung zuschiebt, kann sie sich nicht wehren, denn sie hat für sich den Anspruch, alles richtig zu machen. Sie fragt sich, ob sie mit mehr Liebe und Geduld dazu beitragen könnte, dass die Beziehung gelingt. Eine noch massivere Strategie, die eigene Grenze aufzulösen, ist die Drohung mit Suizid. Wenn ihr Freund damit droht, er würde sich etwas antun, traut sich seine Freundin nicht mehr, die eigene Grenze wahrzunehmen. Sie lässt sich zu Kompromissen drängen, die sie immer kleiner werden lassen. So hat jeder von uns eine Achillesferse. An ihr kann der andere in uns eindringen, und wir vermögen uns nicht zu wehren. Für den einen ist die Angst vor dem Gerede der Leute die Achillesferse, für den andern der eigene Perfektionismus oder der Anspruch, niemanden zu verletzen und keinem anderen etwas zuzumuten. Es braucht die Gabe der Unterscheidung, um zu erkennen, was wirklich Gottes Wille ist, und wo wir uns nur von anderen zu etwas drängen lassen, was unsere Grenzen mehr und mehr auflöst und uns immer kleiner und schwächer werden lässt.

Eine Frau wurde nach Abbruch der Therapie von ihrem Therapeuten immer wieder angerufen. Er versprach ihr, er könne sie heilen, er werde sie zu einer freien Sexualität erlösen, wenn sie mit ihm schlafe. Durch ihn würde sie liebesfähig werden. Er könne ihr psychologisch sehr genau erklären, dass sie verklemmt sei und durch die Verdrängung der Sexualität depressiv würde, dass ihre Schwierigkeiten nur darin begründet wären, dass sie ihre alten Moralvorstellungen von Sexualität noch in sich trüge. Die Frau fühlte sich durch diese Anrufe in die Enge getrieben. Sie war nicht souverän und sie hatte ihre Mitte noch nicht gefunden. Sie war noch zu sehr davon abhängig, was der Therapeut antworten könnte, wenn sie sich weigerte. Die Betrachtung der inneren Freiheit Jesu könnte ihr helfen, sich nicht in die Enge treiben zu lassen, sich nicht zu rechtfertigen. Dann wäre sie in der Lage, den Spieß umzudrehen und den Therapeuten zu fragen: „Wozu brauchst du denn deine Erlösungsphantasien? Warum hast du es nötig, mit deinen Klientinnen zu schlafen?“ Dann wäre sie innerlich frei von dem Rechtfertigungsdruck. Und sie würde eher den Therapeuten in Bedrängnis bringen. Er müsste von seinem therapeutischen Thron herabsteigen und sich seinen eigenen Bedürfnissen stellen.

8. Grenzenlose Menschen
Vom Umgang mit Emotionsbrei

Wehrlose Menschen

Es gibt Menschen, die keine Grenze mehr haben. Auch im Evangelium begegnen wir Geschichten, die davon erzählen. Johannes schildert uns im 5. Kapitel seines Evangeliums die Heilung eines Mannes, der schon 38 Jahre lang krank war. Die Zahl 38 bezieht sich auf den Auszug der Israeliten aus Ägypten. Die Israeliten waren eigentlich schon nach zwei Jahren an der Grenze zum Gelobten Land angekommen. Doch weil sie gegen Gott rebellierten, mussten sie zur Strafe noch 38 Jahre lang durch die Wüste ziehen, „bis alle waffenfähigen Männer gestorben waren." (vgl. Dtn 2,14) Der Mensch, der 38 Jahre lang krank ist, hat also keine Waffen mehr. Er kann sich nicht mehr wehren. Seine Krankheit besteht darin, dass er sich nicht mehr abzugrenzen vermag. Er steht für Menschen, die keine Grenze mehr haben. Auf diese Weise bezieht er alles Negative aus seiner Umgebung auf sich, zieht es sozusagen in sich hinein und infiziert sich mit allem Kränkenden um sich herum. Wir begegnen immer wieder Menschen, die alles sofort auf sich beziehen. Wenn jemand lacht, dann denken sie, er würde über sie lachen. Wenn jemand traurig dreinschaut, suchen sie sofort bei sich die Schuld und fragen sich, was sie verkehrt gemacht hätten. Wenn sie in der Straßenbahn zwei Jugendliche sehen, die sich miteinander unterhalten, haben sie den Eindruck, die würden über sie reden. Solche Menschen sind nie bei sich selbst, sondern immer bei den anderen. Wer alle Äußerungen der anderen auf sich bezieht und die Gefühle und Stimmungen der anderen in sich aufnimmt, weiß gar nicht mehr, wer er selbst ist, und wo er steht. Diese Menschen schwimmen und haben ihren Stand verloren. Wenn etwas in einer Gruppe schief gelaufen ist, klagen sie sich selbst an. Wenn jemand über etwas schimpft, fragen sie sich sofort, ob das gegen sie gerichtet ist, ob sie etwas verkehrt gemacht hätten.

Gefährdung durch Vermischung

In der Therapie spricht man von „konfluenten" Menschen. Das lateinische „confluere" heißt „zusammenfließen". Wenn zwei Flüsse zusammenfließen, sieht man keine Grenze mehr zwischen ihnen. Ihr Wasser vermischt sich. Es gibt auch konfluente Begleiter. Sie nehmen die Gefühle des anderen in sich hinein. Sie haben keine Distanz zu dem, was den Klienten bewegt. Damit aber können sie nicht wirklich begleiten. Denn sie vermögen den anderen nicht zu konfrontieren oder ihm seine Gefühle zu spiegeln. Sie sind im anderen und vermischen sich mit ihm. Das führt zu Unklarheit und Abhängigkeit. Man klebt aneinander, aber man kann sich nicht mehr unterstützen und helfen. Der Begleiter schenkt grenzenlose Zuwendung, weil er sie selbst so maßlos braucht. Aber auf diese Weise hilft er nicht, sondern saugt die aus, die er begleiten und denen er helfen sollte. Er braucht die Begleitung letztlich für sich selbst. Das macht ihn blind für die Bedürfnisse und Grenzen der anderen.

Solche konfluenten Menschen gibt es auch in Familien. Da lebt der Sohn oder die Tochter nicht ihr eigenes Leben, sondern sie vermischen sich mit dem Vater oder der Mutter. Die Gedanken der Mutter sind auch in der Tochter oder im Sohn und umgekehrt. Wenn der Sohn oder die Tochter eine Entscheidung treffen sollen, vermögen sie ihre eigene innere Stimme nicht mehr zu unterscheiden von der Stimme des Vaters. Sie denken wie der Vater. Es gibt keine Grenzen mehr zwischen ihnen und dem Vater. In einer konfluenten Familie gibt es ein inneres Durcheinander. Durch die Vermischung der Emotionen entsteht ein Emotionsbrei. Die Konsequenz: Keiner findet seinen eigenen Stand. Jeder ist von den Emotionen des anderen durchdrungen. Alles fließt zusammen zu einem undurchsichtigen Chaos.

Emotionsbrei gibt es auch in Gruppen, vor allem in Firmen. Mitarbeiter können sich nicht abgrenzen oder haben keine Grenzen. Sie verschwimmen mit den Gefühlen und Stimmungen der anderen. Es ist gefährlich, in so einen Emotionsbrei verwickelt zu werden. Man spürt dann keinen Boden mehr. Man kennt sich nicht mehr aus. Man weiß nicht mehr, wo man selbst anfängt und aufhört, wer man selbst eigentlich ist. Ich bin nicht mehr frei zu denken und zu entscheiden, wenn die Emotionen der anderen an mir kleben. Ich weiß zuletzt gar nicht mehr, was meine eigenen Gedanken sind, und wo meine eigenen Empfindungen durch das Klima um mich herum infiziert sind.

Nicht nur die Emotionen des anderen fließen in mich ein, sondern auch seine Schattenseiten. Und die sind noch gefährlicher. Denn ich nehme sie gar nicht bewusst wahr. Ich weiß nicht, warum ich so depressiv oder aggressiv bin. Die verdrängte Aggression des Abteilungsleiters legt sich auf meine Seele, ohne dass ich es wahrnehme. Der Chef ist nach außen hin vielleicht freundlich. Doch seine verdrängte Aggression macht mich aggressiv. Er verhält sich äußerlich korrekt, aber durch sein Verhalten hindurch dringen seine Selbstablehnung oder gar seine Menschenverachtung subtil in mich ein. Oft wissen wir nicht, warum wir uns in einer Abteilung unwohl fühlen, ausgelaugt, erschöpft, aggressiv oder depressiv. In einer solchen Situation gilt: Wir müssen zuerst einmal erkennen, was aus der Umgebung in uns einströmt. Dann geht es darum, eine klare Grenze gegenüber den Einflüssen von außen zu ziehen. Ein Weg, sich von den Emotionen und Schattenseiten der anderen abzugrenzen, besteht darin, gut mit sich in Berührung zu sein. Wenn ich mich spüre und bei mir bin, dann lasse ich die Stimmungen des anderen nicht so leicht in mich eindringen. Manchmal hilft es schon, in Gesprächen die Hand aufs Herz zu legen, um sich innerlich daran zu erinnern: „In mein Herz lasse ich die negativen Emotionen des anderen nicht hinein. Sie sind sein Problem. Ich lasse sie bei ihm. Ich schütze mein Herz vor der Destruktivität des anderen. Ich bin bei mir."

Die innere Quelle

Ein Blick auf die erwähnte Heilungsgeschichte Jesu aus dem Johannesevangelium zeigt uns wieder, wie wir mit solchen Situationen heilsam umgehen können. Jesus heilt den Mann ohne Grenzen. Er tut dies nicht, indem er in Mitleid zerfließt oder ihn bedauert. Bei vielen anderen Krankenheilungen heißt es, dass Jesus Mitleid empfindet. Im Mitleid öffnet er sich dem anderen und lässt ihn in sich hinein. Bei manchen ist das notwendig, um mit ihren Herzen in Kontakt zu kommen. Doch gegenüber einem grenzenlosen Menschen wäre diese Öffnung tödlich. Da ist eine konfrontierende Therapiemethode hilfreicher. Jesus fordert diesen Kranken heraus, indem er ihn nach seinem eigenen Willen fragt: „Willst du gesund werden?" (Joh 5,6) Der Kranke muss selbst seine Heilung wollen. Er darf sie nicht an den Therapeuten oder Seelsorger delegieren. Der Kranke erzählt Jesus seine Lebensgeschichte. Er erklärt ihm, warum er krank ist. Der Grund seiner Krankheit besteht darin, dass er keinen Menschen hat, der ihm hilft. Er ist zu kurz gekommen. Die anderen haben es besser als er. Jesus geht auf diese Erklärungen des Kranken nicht ein. Er vermittelt ihm nicht, wie sehr er ihn versteht, sondern konfrontiert ihn mit einem eindeutigen Befehl: „Steh auf, nimm deine Bahre und geh!" (Joh 5,8) Diesem Mann hilft Mitleid nicht. Denn das würde ihn einladen, sich selbst zu bedauern und die eigene Unklarheit zu vertiefen. Jesus bringt ihn in Berührung mit der Kraft, die trotz seiner Krankheit in ihm steckt. Er traut ihm zu, dass er aufstehen und sich auf die eigenen Füße stellen kann. So befiehlt er ihm. Die Bahre als Zeichen der eigenen Unsicherheit und Krankheit soll er nicht einfach wegwerfen, sondern unter den Arm nehmen. Die Krankheit, die Schwäche, die Hemmungen sollen ihn nicht mehr vom Leben abhalten. Er soll vielmehr anders mit seinen Blockaden umgehen, spielerisch, indem er die Bahre spazieren trägt. Er darf gehemmt und unsicher sein. Aber sich trotzdem den Leuten zumuten. Er soll mit seinen Hemmungen auf die Menschen zugehen, anstatt sich von ihnen vom Leben abhalten zu lassen. Das gelingt ihm nur, wenn er sich von den Menschen abgrenzt, indem er die Gedanken und etwaigen Urteile der Menschen nicht in sich einlässt, sondern aus sich heraus lebt und nicht mehr aus den anderen. Jesus braucht den Kranken nicht ins Wasser zu heben, damit er gesund werde. Vielmehr bringt er ihn in Berührung mit dessen innerer Quelle, die immer in ihm selbst sprudelt.

Überflutet vom Fremden

Grenzenlosigkeit ist oft Zeichen einer psychischen Erkrankung. Bei psychotischen Menschen nimmt die Unfähigkeit, sich abzugrenzen, oft bizarre Formen an. Das steigert sich bis zum Verfolgungswahn. Ein junger Mann erzählte, sogar sein Urin sei von den Menschen einer Sekte beeinflusst. Er könne in seinem Zimmer nicht mehr sicher sein. Die Leute aus dieser Sekte würden seine Gedanken aus der Ferne manipulieren. Im Verfolgungswahn meint man, das eigene Telefon würde abgehört, oder andere würden in die Wohnung eindringen, trotz Sicherheitsschloss und Alarmanlage. Was uns die Krankheit in ihrer hochgradigen Form so drastisch vor Augen führt, kennen wir in abgeschwächter Weise wohl alle. Auch wir haben den Eindruck, dass die Gedanken anderer in uns eindringen, dass wir infiziert sind von den Gedanken, die unsere Gesellschaft prägen. Manchmal ertappen wir uns dabei, dass wir nicht mehr die eigenen Gedanken denken, sondern übernehmen, was uns von überall her entgegenströmt. Wenn wir in eine Gruppe kommen, verlieren wir das Gefühl für die eigene Identität. Unbewusst passen wir uns der Umgebung an. Im Reden übernehmen wir die Sprache der anderen. Wir tauchen in ihre Stimmung ein und vergessen, was wir selbst wirklich fühlen.

Grenzenlose Menschen haben es in unserer reizüberfluteten Gesellschaft schwer. Über die Medien überschreiten Ereignisse aus fremden Ländern ständig die Grenze ihres Hauses und ihres Herzens. Schreckensmeldungen aus den Kriegsgebieten und den Krisenregionen dieser Welt strömen auf sie ein und machen es ihnen schwer, ihr eigenes Leben zu leben. Sie werden bestimmt von dem, was sie im Fernsehen miterlebt haben. So gut es ist, voller Mitleid zu sein mit den geschundenen Menschen auf der Welt: Es kann auch zur Gefahr werden, dass das ganze Elend der Welt in mich einströmt und mich am Leben hindert. In dieser Situation benötigen wir die Fähigkeit, uns abzugrenzen.

Abgrenzen heißt nicht, sich unempfindlich gegen das Leid der Welt zu machen, sondern selbst die Grenze zu bestimmen, wo ich die Not der Menschen in mich einlassen kann und will, und wo ich mich einfach schützen muss, um in dieser Welt als Mensch leben zu können. Ein guter Weg, sich abzugrenzen, ohne sich gegenüber dem Leid der Welt zu verschließen, ist, für die Menschen zu beten, von deren Elend die Medien berichten.

Wenn ich für sie bete, fühle ich mit den Menschen, aber ich sauge mich nicht mit ihrem Leid voll. Ich gebe es vielmehr weiter an Gott, in der Hoffnung, dass er diese Menschen nicht allein lässt. Ein anderer Weg ist, sich an einem konkreten Projekt zu beteiligen, das diesen Menschen hilft, oder es finanziell zu unterstützen. Aber wir müssen sehen: Auch in der konkreten Hilfe sind uns Grenzen gesetzt. Wir können uns nicht täglich für die vielen Opfer von Gewalt und Naturkatastrophen engagieren, die uns das Fernsehen vor Augen führt.

9. Die eigene Grenze nicht mehr spüren

Von Sucht und seelischer Krankheit

Maßlosigkeit als Gefährdung

Sucht ist nicht erst eine Krankheit unserer Tage. Denn Maßlosigkeit ist eine immerwährende Gefährdung des Menschen. Im Lukasevangelium erzählt Jesus das Beispiel von dem reichen Mann, der auf seinen Feldern eine gute Ernte erwartete. Er überlegte hin und her: „Was soll ich tun? Ich weiß nicht, wo ich meine Ernte unterbringen soll." Schließlich sagte er: „So will ich es machen. Ich werde meine Scheunen abreißen und größere bauen; dort werde ich mein ganzes Getreide und meine Vorräte unterbringen. Dann kann ich zu mir selber sagen: ‚Nun hast du einen großen Vorrat, der für viele Jahre reicht. Ruh dich aus, iss und trink, und freu dich des Lebens.' (Lk 12,17–19) In solchen Selbstgesprächen formuliert Lukas unsere eigenen Gedanken. Wenn wir Erfolg haben, meinen wir, wir müssten ihn noch vergrößern. Der reiche Mann steht für die Menschen, die kein Maß haben, die nie genug bekommen können. Letztlich ist es eine Sucht, die den Mann antreibt, seine alten Scheunen abzureißen, um größere zu bauen. Jesus lässt Gott zum reichen Mann sprechen: „Du Narr! Noch in dieser Nacht wird man dein Leben von dir zurückfordern. Wem wird dann all das gehören, was du angehäuft hast?" (Lk 12,20) Der Mann meinte, er könne sein Vermögen grenzenlos vermehren und sich dann endlich des Lebens freuen.

Der Mann steht für die Krankheit der Sucht. Süchtige Menschen haben kein Maß. Sie betrinken sich maßlos. Sobald sie anfangen zu trinken, verlieren sie das Gefühl für ihre Grenze. Eine Frau, die an Bulimie litt, erzählte, dass sie beim Essen kein Gespür mehr für eine Grenze hatte. Sie musste einfach immer weiter essen. Es blieb nicht bei der Esssucht. Diese Grenzenlosigkeit im Essen zeigte sich auch in der Unfähigkeit, sich anderen gegenüber abzugrenzen. Sucht ist nach einer Einsicht des Psychologen Theodor Bovet Muttterersatz. Der Süchtige bleibt auf der Stufe des Kindes stehen. Er möchte nicht ausbrechen aus dem Nest, aus dem Schlaraffenland, in dem er alles haben kann, was er möchte. Das Wesen der Sucht besteht in der Maßlosigkeit und in der Unfähigkeit, aufzuhören. Daher kann alles zur Sucht werden. Das Suchtobjekt kann sein: Alkohol, Medikamente, Drogen, Arbeit, Zigaretten, Kaffee, Spielen, Geld, Bücher, Beziehungen, Sexualität. Karl Jaspers hat die Ursache der Sucht philosophisch formuliert und gesagt, dahinter stecke immer „eine besondere und gesteigerte Leere". Oft ist es die mangelnde Erfahrung von Geborgenheit bei der Mutter, so dass der ungarische Psychotherapeut und Begründer der Schicksalsanalyse, Leopold Szondi, die Sucht als „permanente Prothese für die veruntreute Mutter" bezeichnet. Oft hat ein süchtiger Mensch als Kind durchaus Geborgenheit bei der Mutter erfahren. Aber er hat es nicht geschafft, den Schritt heraus aus dieser Geborgenheit zu tun, hinein in die Realität einer Welt, die nicht alle seine Wünsche erfüllt.

Anfälligkeit und Abhängigkeit

Für Suchtstörungen sind vor allem Menschen anfällig, die eine hohe Sensibilität für unangenehme Gefühle und eine geringe Frustrationstoleranz haben. Beide Eigenschaften zeigen die Unfähigkeit, sich abzugrenzen. Süchtige Menschen werden überschwemmt von negativen Gefühlen. Sie können sich nach innen nicht abgrenzen gegenüber diesen Gefühlen. Und sie sind daher auch unfähig, sich nach außen hin abzugrenzen. Ein Kennzeichen der Sucht ist die Abhängigkeit. Man kann nicht mehr ohne den Alkohol, das Essen, die Arbeit sein. Letztlich ist Sucht immer verdrängte Sehnsucht. Der Mensch sehnt sich nach absoluter Geborgenheit und Liebe. Der Süchtige erwartet sich von äußeren Dingen die Erfüllung seiner Sehnsucht. Dafür braucht er immer mehr Geld, immer mehr Drogen, immer mehr Zuwendung. Aber kein Geld, kein Erfolg, keine Bestätigung kann die Sehnsucht nach Liebe zufrieden stellen. Der Süchtige wird daher nie satt. Es stimmt, was André Gide einmal gesagt hat: „Das Furchtbare ist, dass man sich nie genügend betrinken kann."

Genauso gefährlich wie die stofflichen Süchte, die zur Abhängigkeit von Alkohol oder Medikamenten führen, sind die sogenannten nicht-stofflichen Süchte, wie Spielsucht, Arbeitssucht, Beziehungssucht, Geltungssucht, Sexsucht. Arbeitssucht wird heute in der Gesellschaft oft sogar honoriert. Man meint, die Arbeitssüchtigen seien besonders fleißig und würden daher der Firma von hohem Nutzen sein. Der Arbeitssüchtige arbeitet zwar viel, aber es kommt wenig dabei heraus. Weil er die Arbeit braucht, kann er nicht delegieren und muss sogar seine freie Zeit mit Arbeit zustopfen. Er kann sich selbst in seiner Durchschnittlichkeit nicht aushalten. Er beweist seinen Wert durch seine Arbeit und versteckt sich hinter ihr. Doch weil er keinen Abstand zur Arbeit hat, ist er nicht kreativ oder innovativ. Er krallt sich an seiner Arbeit fest, weil er sie wie einen Schild braucht, mit dem er sich vor Infragestellung und Kritik schützen muss. In seiner Arbeitssucht nimmt er die Grenzen seiner Belastbarkeit nicht mehr wahr. Irgendwann rebelliert der Körper. Arbeitssüchtige leiden am Burnout-Syndrom, sie fühlen sich ausgebrannt und leer oder leiden an Herz-Kreislauf-Krankheiten. Wer immer leistungsfähig sein will, schlittert in eine chronische Leistungsunfähigkeit hinein. Er möchte etwas leisten. Aber es geht einfach nicht mehr. Müdigkeit, Antriebslosigkeit und Lustlosigkeit sind die gesunde Reaktion seiner Psyche auf das übertriebene Leistungsbedürfnis. Psychologen schätzen, dass es allein in Deutschland mehr als 200.000 Arbeitssüchtige gibt.

Heilsamer Verzicht

Ein Bankangestellter erzählte mir, wie es ihn immer wieder schockiere, wie maßlos oft gerade junge Menschen an der Börse Gewinne erzielen möchten. Sie meinen, sie könnten morgens eine Aktie kaufen und am Abend zum doppelten Preis wieder verkaufen. Da entsteht eine regelrechte Sucht. Doch diese Maßlosigkeit hat viele in den finanziellen Ruin gestürzt. Auch an der Börse wachsen die Bäume nicht in den Himmel. Auch hier zeigt sich: Wer sich nicht beschränken kann, der geht an seiner Maßlosigkeit zugrunde. Die Fähigkeit, nein zu sagen, sich mit dem zu begnügen, was ich habe, nimmt heute immer mehr ab. Die Gesellschaft verführt uns dazu, alles ohne Maß zu wollen. Man kann sogar maßlos fasten. Das zeigt gerade die Magersucht, die so schwer zu heilen ist. Weil man so schlank sein möchte, wie es in der Werbung angepriesen wird, fastet man sich zu Tode. Man verliert das Maß für das Essen und für das Fasten.

Damit die Sucht geheilt wird, braucht es einmal die Fähigkeit, zu verzichten. Das ist letztlich die Fähigkeit, sich abzugrenzen. Ich setze mir eine Grenze beim Essen und Trinken, beim Arbeiten und beim Geldverdienen, beim Kaufen und beim Spielen. Zur gesunden Entwicklung des Kindes gehört es, dass es die Grenzen der Realität annimmt. Die Mutterbrust steht dem Kind nicht immer zur Verfügung. Es gibt nicht zu jeder Zeit zu essen. Es gibt alles nur mit Maß. Menschen, die nicht lernen zu verzichten, sind unfähig, ein starkes Ich zu entwickeln. Das starke Ich ist aber die Voraussetzung, sich gegen die Suchtwünsche abzugrenzen. Der Süchtige hat auch ein maßloses Selbstbild. Daher braucht es zur Heilung der Sucht das richtige Maß der Selbsteinschätzung. Wir müssen uns verabschieden von der Illusion, wir seien die größten und besten und intelligentesten Menschen. Wir müssen uns bescheiden mit dem, was wir sind, uns aussöhnen mit unserer Struktur und unserem Charakter.

Der Weg der Verwandlung

Ein anderer Weg zur Heilung der Sucht besteht darin, die Sucht wieder in Sehnsucht zu verwandeln. In der Sucht richten wir unsere Sehnsucht auf begrenzte Dinge und überfordern sie damit. Wir brauchen immer mehr und immer neue Suchtobjekte. Wir können nicht aufhören, noch mehr zu trinken und zu arbeiten. Wenn wir jedoch unsere Sehnsucht auf Gott richten, der allein grenzenlos ist, dann bekommt unser Umgang mit den Dingen das richtige Maß. Wir erwarten uns vom Wein nicht die Lösung unserer Probleme. Wir können ihn genießen. Aber wir wissen zugleich, dass wir nicht immer in Hochstimmung sein können, dass auch Traurigkeit und Enttäuschung zu uns gehören.

Bei den stoffgebundenen Süchten stoßen wir sehr schnell an unsere Grenzen. Der Alkoholiker erkennt irgendwann, dass er sich zu Tode trinkt. Bei nicht stofflichen Süchten wie Spielsucht oder Arbeitssucht oder Beziehungssucht ist das schwieriger zu erkennen. Aber auch hier geht der Weg der Heilung über die Verwandlung der Sucht in Sehnsucht. Ich muss mit der Sehnsucht in Berührung kommen, die hinter meiner ununterbrochenen Arbeit steht. Ist es die Sehnsucht nach Anerkennung, nach Wichtigkeit, nach dem Gelingen meines Lebens? Oder ist es die Flucht vor meiner Durchschnittlichkeit, der ich mit meiner Arbeit aus dem Weg gehen möchte? Für den hl. Benedikt ist die Arbeit eine wichtige spirituelle Herausforderung. An ihr kann ich ablesen, ob ich mich hinter der Arbeit verstecke und die Arbeit als Sucht missbrauche, oder ob die Arbeit aus der inneren Quelle des Heiligen Geistes strömt. Wenn die Arbeit aus der Quelle des göttlichen Geistes strömt, dann kann ich viel arbeiten, ohne erschöpft zu werden. Und meine Arbeit hat dann eher etwas Spielerisches an sich und nicht das Harte und Aggressive, das die Arbeitssüchtigen ausstrahlen. Wer aus einer trüben Quelle heraus arbeitet, aus der Quelle seines Ehrgeizes, seines Perfektionismus oder seiner Sucht, der verunreinigt seine Umgebung mit seinen verdrängten Bedürfnissen. Wenn ich meine Gefühle und meinen Leib bei der Arbeit beobachte, kann ich erkennen, aus welcher Quelle ich arbeite.

Für Benedikt wird die Arbeit immer wieder begrenzt durch Gebet und Meditation, durch Muße und gemeinsame Mahlzeiten. Die Tagesordnung, wie Benedikt sie für die Mönche entworfen hat, weist den verschiedenen Bedürfnissen ihr richtiges Maß zu. Die äußere Grenze, die der Arbeit gesetzt ist, bringt den Mönch in das richtige Lot. Wer nie aufhören kann zu arbeiten, zeigt, dass er das Maß für sich verloren hat. Irgendwann wird dann sein Körper streiken und ihn zwingen, seine Grenze zu akzeptieren. Aber auch das fällt vielen schwer. Sie meinen, sie müssten den Körper maßlos antreiben, damit sie das gewünschte Arbeitspensum leisten können. Spätestens der Tod wird uns eine Grenze setzen. So musste es der Mann im Gleichnis Jesu erfahren. Noch in derselben Nacht forderte Gott sein Leben zurück. All sein Planen war vergebens.

Verlorenes Gespür

Nicht nur suchtkranke Menschen haben das Gespür für die eigene Grenze verloren, sondern auch Menschen mit psychotischen Neigungen. Da ist ein junger Mann, der an Schizophrenie leidet. Über lange Zeit geht es gut. Er feiert mit einer Gesellschaft von Verwandten und Freunden und spricht ganz normal und vernünftig mit den Gästen. Doch dann auf einmal wird es ihm zuviel. Die Mutter spürt, dass er sein Maß überschritten hat, sie zieht ihn beiseite und möchte mit ihm die Gesellschaft verlassen. Doch er meint, es sei so schön, er müsse noch länger bleiben. Wenn er aber länger bleibt, wird er wieder einen psychotischen Schub erleiden. Seine Krankheit besteht gerade darin, seine eigene Grenze nicht zu kennen. Er kann den Kontakt zu anderen nur eine Zeit lang aufrechterhalten. Dann gleitet er innerlich ab. Er selber merkt nicht, wann es ihm nicht mehr gut tut, weiterhin mit den Menschen zusammen zu sein. Er hat kein Gespür dafür, wann ihm Alleinsein gut täte.

Solche Grenzenlosigkeit ist auch ein typisches Kennzeichen der Manie. Wenn manisch-depressive Menschen in ihre manische Phase kommen, verlieren sie jedes Augenmaß. Da bestellen sie bei Firmen Unmengen von Material, das sie nie brauchen und auch gar nicht bezahlen können. Sie arbeiten ohne Maß. Sie brauchen keinen Schlaf mehr. Sie sind hellwach und meinen, sie könnten rund um die Uhr arbeiten. Solche manischen Menschen können ihre Umgebung in Schrecken versetzen. Man muss immer damit rechnen, dass sie irgendetwas tun, was sie in schlimme Bedrängnis bringt. Doch sie meinen, alles im Griff zu haben. Manchmal zeigt sich die Manie auch in einem grenzenlosen Redeschwall. Man hat den Eindruck, dass sie reden, ohne Atem holen zu müssen. Auf jeden Fall hat man keine Chance, selber etwas zu sagen. Sie reden ununterbrochen und lassen keinen anderen zu Wort kommen.

In die Begleitung kommen manchmal solche grenzenlose Menschen. Sie haben kein Gespür für die Situation in einem Begleitungsgespräch. Nachdem sie über sich in einem endlosen Monolog erzählt haben, wechseln sie auf einmal die Rolle und spielen den Therapeuten für den Begleiter. Sie fragen ihn, wie es ihm denn gehe. Er würde so blass aussehen. Oder sie kommen ihm körperlich zu nahe. Sie überschreiten seine Grenze. Für den Begleiter sind solche Gespräche sehr unangenehm. Grenzenlose Menschen provozieren, dass wir unsere Grenze besonders achtsam hüten. Sonst haben wir den Eindruck, uns selbst zu verlieren. Aber es braucht oft viel Energie, gegenüber grenzenlosen Menschen die eigene Grenze zu verteidigen. Begleiter lassen sich vom Redeschwall des anderen überschütten und sehen keine Möglichkeit, auf ihre eigene begrenzte Zeit hinzuweisen. Sie ärgern sich, dass sie länger mit dem Klienten gesprochen haben, als es ihnen gut tut. Manche Menschen bringen es fertig, immer dann, wenn der Begleiter das Gespräch beenden will, mit den eigentlich wichtigen Problemen anzufangen. Das Gespräch hat sich eher träge dahingeschleppt. Doch sobald sie wahrnehmen, dass die Gesprächszeit zu Ende ist, beginnen sie, bitter zu weinen und machen es dem Begleiter fast unmöglich, die Stunde zu beenden. Es braucht ein gutes Gespür für die eigene Grenze, um konsequent zu bleiben und über die eigene Zeitgrenze zu wachen.

Dass heute das gesunde Gespür für die eigenen Grenzen bei vielen verloren gegangen ist und dass dieser Verlust nicht nur bei kranken Menschen auftritt, sondern ein gesellschaftliches Problem ist, zeigt der Erfolg vieler Talkshows im Fernsehen, in denen Menschen vor einem Millionenpublikum Persönlichstes zur Schau stellen. Intimität wird öffentlich vorgeführt, in immer wieder neuen Folgen, nach einem suchtähnlichen Wiederholungsmuster. Die Moderatoren locken aus ihren Gästen möglichst viel Privates hervor. Das Private ist – schon nach der Wortbedeutung – eigentlich das Abgesonderte, das für sich Stehende, das Abgegrenzte. Wenn die Grenzen zwischen Privatem und Öffentlichem aber aufgehoben sind, werden Zuschauer zu lustvollen Voyeuren, die ihre Sucht nach immer neuen Intimitäten fremder Menschen befriedigen müssen, weil sie zu einer eigenen kultivierten Intimität immer weniger fähig sind. Solche Grenzenlosigkeit tut weder dem Zuschauer noch den Akteuren gut. Sie ist ein Zeichen für die Krankheit unserer Zeit.

10. Die eigenen Grenzen eingestehen

Von Verdrängung und Ehrlichkeit

Falsche Idealbilder

Es ist immer ein schmerzlicher Prozess, die eigene Begrenztheit zu erkennen und seine Grenzen auch vor sich selber einzugestehen. In aller Regel meinen wir, wir könnten immer noch mehr: Wir könnten genauso viel arbeiten wie unser Arbeitskollege oder Freund. Wir bräuchten genauso wenig Schlaf wie der oder jener. Wir wollen unsere Grenzen nicht gerne zugeben. Denn dann kämen wir uns möglicherweise anderen gegenüber minderwertig vor. Wir müssten zugeben, dass unsere physischen und psychischen Ressourcen begrenzt sind, dass unsere Belastbarkeit im Beruf und im privaten Leben nicht unendlich ist, dass wir uns nicht jedem Konflikt stellen können. Und wir müssten uns selber gegenüber zugeben und akzeptieren, dass auch unsere Fähigkeiten begrenzt sind. Nicht jeder kann gut Menschen ansprechen. Unsere Fähigkeit, andere zu führen, Konflikte zu lösen, Probleme anzupacken, ist möglicherweise wirklich nicht so ausgeprägt wie bei diesem oder jenem anderen. Für viele ist es auch nicht leicht, zu ihren finanziellen Grenzen zu stehen. Sie haben bisher im Urlaub großzügig Geld ausgegeben. Jetzt müssen sie auf einmal sparen und vor anderen eingestehen, dass sie sich diese oder jene Fahrt einfach nicht mehr leisten können. Das Eingeständnis unserer Grenzen tut weh. Und es erfordert Demut. Demut meint den Mut zur Wahrheit, den Mut, hinabzusteigen in die Realität unseres Leibes und unserer Seele, in die Realität unserer psychischen Konstitution.

Wir möchten am liebsten die Augen verschließen vor unseren Grenzen und gleichen darin dem Blindgeborenen im Evangelium (Joh 9,1–12). Wir identifizieren uns verständlicherweise viel lieber mit dem Idealbild, das wir von uns haben: mit dem Ideal des freundlichen, hilfsbereiten Menschen, der gerne zuhört und einspringt, wo Not am Mann ist, oder mit dem Ideal des belastbaren Mitarbeiters, dem man viel zumuten und zutrauen kann, der keine Aufgabe ablehnt oder aus Angst vor etwas zurückschreckt. Wir identifizieren uns mit dem Bild des Menschen, der alles im Griff hat und alles schafft, was er sich vorgenommen hat, des coolen, erfolgreichen jungen Mannes, der dynamischen und selbstbewussten Frau. Doch diese Identifikation mit unserem Idealbild macht uns blind unserer eigenen Wirklichkeit gegenüber. Wir leben oft schon lange über unsere gesundheitlichen Verhältnisse, bis uns der Leib mit allem Nachdruck und unmissverständlich aufzeigt, dass wir uns das nicht länger leisten können. Da ist zum Beispiel jene Lehrerin, die meinte, sie sei für ihre Schule unentbehrlich. Sie klagte zwar, dass ihr alles zuviel sei, hatte aber nicht den Mut und die Entschiedenheit, auf die Signale ihres Leibes und ihrer Seele zu hören. Daraufhin „streikte“ ihre Haut. Die Konsequenz: Sie musste ein ganzes Jahr aus dem Schuldienst ausscheiden, um ihre wunde Haut zu pflegen und zu heilen. Weil sie ihre eigene Grenze nicht akzeptierte, zeigte ihr der Leib mit Gewalt ihre tatsächliche Situation auf und verwies sie in ihre Grenzen. Sie musste nun viel länger von der Schule wegbleiben, als wenn sie ihre Stundenzahl rechtzeitig etwas reduziert hätte.

Die Blindenheilung

Wer allzu lange von seiner eigenen Wirklichkeit wegsieht und die Realität ignoriert, der wird allmählich blind für sie. Den Blindgeborenen, den Jesus heilt, können wir uns vorstellen als einen Menschen, der von Geburt an seine Wirklichkeit nicht anschauen konnte, weil sie zu grausam war. Das Wegschauen war für seine Seele überlebensnotwendig. Als Kind hätte er es nicht verkraftet, die Brutalität und Trostlosigkeit seines Daseins anzuschauen. Doch irgendwann schränkt das Verdrängen das Leben ein. Und dann erzwingt der Leidensdruck die Suche nach Heilung. Ich habe eine Frau erlebt, die ihre Kindheit immer beschönigt hat. Doch irgendetwas war an ihr, das sie immer wieder in Konflikt mit ihren Mitmenschen brachte. Erst als sie sich eingestehen konnte, dass ihre Kindheit durch die Armut nach dem Krieg trostlos war, suchte sie nach wirklicher Hilfe. Vorher meinte sie, die anderen seien schuld an ihren Problemen. Sie konnte lange ihre Kindheit nicht so sehen, wie sie wirklich war. Das hätte ihr den Boden entzogen. Die Idee einer heilen Kindheit war das einzige, an dem sie sich festhalten konnte. Man sollte das nicht vorschnell und pauschal verurteilen. Manchmal bleibt uns keine andere Strategie, als die Augen zu schließen. Kinder schließen manchmal die Augen und meinen dann, die anderen könnten sie nicht sehen, sie wären dann für sich allein. Sie tun es oft, wenn sie etwas getan haben, was ihnen Leid tut und was die anderen nicht sehen sollen. Doch die Augen zu schließen, ist keine Lösung für reife Menschen. Wenn wir permanent die Augen schließen, dann werden wir irgendwann überhaupt nichts mehr sehen.

Jesus heilt den Blinden, indem er auf die Erde spuckt, auf den Humus. Er macht einen Brei aus dem Dreck und seinem Speichel. Diesen Brei schmiert er dem Blinden auf die Augen, gleichsam als wollte er damit sagen: „Söhne dich aus mit dem Unansehnlichen, dem „Dreck“, der auch in dir ist. Nimm an, dass du von der Erde genommen bist und dass deine Erdenschwere dich drückt. Nur wenn du deine Erdhaftigkeit annimmst, nur wenn du dich mit dem Schmutz in dir aussöhnst, kannst du wirklich sehen, kannst du die Wirklichkeit so sehen, wie sie in der Realität ist.“ Jesus zeigt mit dem Brei aus dem Humus, aus der Erde, was „humilitas“, „Demut“, ist: der Mut, die eigene Erdgebundenheit anzunehmen, das Schmutzige in sich wahrzunehmen und sich damit auszusöhnen. Dem Menschen gelingt es aber nur, seinen eigenen „Dreck“ anzunehmen, sich mit seinen Schattenseiten auszusöhnen, wenn in den Dreck die Liebe und Zärtlichkeit hineingewoben ist, die Jesus mit seinem Speichel dem Blindgeborenen erwiesen hat. Jesus hat ihm liebevoll den Brei aus Dreck und Speichel über die Augen geschmiert und ihm damit vermittelt: „Es ist gut so, wie du bist. Der Dreck darf auch sein. Den musst du auch liebevoll anschauen.“ Humilitas hat auch mit Humor zu tun. Wer sich annimmt, wie er ist, der ist gelassen. Er vermag über sich selbst zu lachen. Er hat Humor. Und Demut meint Bodenhaftung: Ich stehe mit beiden Füßen auf dem Boden. Ich hebe nicht ab und ergehe mich nicht in Luftschlössern. Wer auf dem Boden steht, der steht auch zu seinen Grenzen. Er weiß, dass er von der Erde genommen ist – und daher begrenzt in seinen Möglichkeiten.

Mut zur Wahrheit

Es braucht Mut, meine Lebensgeschichte offen und ehrlich anzuschauen und mir meine Verletzungen einzugestehen. Die Wunden meiner Kindheit zeigen mir deutlich auf, dass ich von mir keine Wunderdinge erwarten darf. Die Wunden können zwar verwandelt werden und heilen, aber nur, wenn ich sie mir eingestehe. Und zunächst verlangt das Eingeständnis meiner Verletzungen, dass ich meine Grenzen akzeptiere. Wenn ich mich als Kind verlassen fühlte, dann werde ich als Erwachsener bei jedem Abschiednehmen daran erinnert. Darum wird es mir schwer fallen, Abschied zu nehmen. Wenn ich das weiß und als zu mir gehörende Wirklichkeit eingesehen habe, dann darf ich mich nicht ständig damit überfordern, etwas Neues zu suchen. Ich brauche Geborgenheit, damit das innere Kind wachsen kann und stabil genug wird, Abschiede zu wagen. Die Verletzungen decken mir Grenzen auf, die ich nicht überspringen darf. Wenn ich meine Augen davor verschließe und mich immer wieder zwinge, über meine Grenzen hinauszugehen, werde ich immer wieder scheitern. Weil ich selbst es nicht wage, die Augen zu öffnen, werden mir im Scheitern die Augen schmerzlich geöffnet.

Im beruflichen Umfeld erleben wir immer wieder Menschen, die sich weigern, ihre Grenzen zu akzeptieren. Jeder sieht, dass sie sich schwer tun, die Anforderungen ihrer neuen Stelle zu erfüllen. Doch sie selber meinen, sie seien die fähigsten Mitarbeiter, die man sich denken kann. Manchmal gehen sie zum Chef und fordern eine Lohnerhöhung, weil sie doch überdurchschnittlich gut arbeiten würden. Es ist schwer, diesen Menschen ihre Grenzen vor Augen zu halten. Jeder im Betrieb spürt, dass dieser Mitarbeiter überfordert ist. Er glaubt dagegen, der leistungsstärkste Mitarbeiter zu sein. Offensichtlich braucht er die Blindheit, um seiner eigenen Durchschnittlichkeit nicht ins Auge sehen zu müssen. Da tut jemand not, der ihm wie Jesus klar und eindeutig die Wahrheit vor Augen hält und dabei doch liebevoll ist. Das könnte ihm helfen, sich damit auszusöhnen, dass er auch nur von der Erde genommen und kein Himmelsstürmer ist.

In der Begleitung ist es häufig eine mühsame Arbeit, den anderen zu ermutigen, sich mit seinen Grenzen auszusöhnen. Es gibt viele, die ihre Wirklichkeit nicht wahrhaben wollen. Sie sehen die Probleme, die sie haben, in ihren schwierigen Beziehungen begründet. Ihre Sicht ist: Weil die anderen so wenig Verständnis für sie haben, weil die anderen so unreif und eng sind, deshalb geht es ihnen so schlecht. Weil die anderen sich ihnen zu wenig zuwenden, vermögen sie nicht, in Frieden mit sich zu leben. Sie konstruieren eine Theorie über ihren Zustand, um der eigenen Wirklichkeit auszuweichen. Und sie halten sich an diesem Konstrukt ihrer Vorstellung fest, auch wenn ein Beobachter schnell herausfinden wird, dass immer anderen die Verantwortung für ihren Zustand zugeschoben wird, statt dass die Betreffenden selbst die Verantwortung dafür übernehmen. Doch sobald der Begleiter seine Beobachtungen und Gefühle mitteilt, versucht der Begleitete entweder, alles so zu deuten, dass es in sein eigenes Selbstbild passt, oder aber er findet neue Gründe, um sein Verhalten zu rechtfertigen und die Beobachtungen des Begleiters als unpassend zurückzuweisen.

„Geh und wasch dich in dem Teich Schiloach!" hat Jesus dem blinden Mann gesagt: Es braucht in solchen Fällen die liebevolle und doch zugleich konsequente und direkte Art und Weise Jesu, um denen, die ihre Augen vor ihrer Wahrheit verschließen, Mut zu machen, ihre Augen zu waschen und das bedeutet: Die Dinge so zu sehen, wie sie wirklich sind.

Manchmal kommen Menschen in die Begleitung, die sehr freundlich und bereitwillig von sich erzählen. Gleichwohl hat man den Eindruck, dass sie mit sich selbst nicht in Berührung sind. Man möchte sie am liebsten schütteln, damit sie sich selber spüren und ihrer Wahrheit ins Auge sehen. Doch je mehr wir sie dazu drängen möchten, ihre Gefühle wahrzunehmen, desto mehr verschließen sie sich. Sie sprechen zwar über ihre Gefühle, aber sie bleiben dabei im Kopf und lassen ihre Emotionen nicht zu. Man hat den Eindruck, dass sie den braven und bereitwilligen Schüler spielen. Doch sie sind nicht bei sich. Der Begleiter braucht in dieser Situation viel Geduld und zugleich ein großes Wohlwollen einem solchen Gesprächspartner gegenüber. Er muss sich von seinem Ehrgeiz befreien, den anderen unbedingt zu dessen Wahrheit zu führen. Wenn er aber liebevoll wie Jesus dem Blinden gegenüber bleibt, dann können sich auf einmal Türen auftun. Der andere findet dann möglicherweise den Mut, seine Augen im „Teich Schiloach" zu waschen. In der Nähe des zu ihm Gesandten (das heißt „Schiloach") vermag er seine Augen zu öffnen und die Wirklichkeit so zu sehen, wie sie ist.

11. Wenn alles zu viel wird

Von Schuldgefühlen und unnötigem Ärger

Ein heilsamer Rückzug

Wie reagieren wir, wenn uns alles zu viel wird, wenn uns etwas über den Kopf zu wachsen droht oder wir nicht mehr weiter wissen? Dies ist eine Situation, die nicht nur uns betrifft. Entscheidend ist, dass wir lernen, zu unseren Grenzen zu stehen. Lukas erzählt uns, wie Jesus sich immer wieder von den Jüngern und den Menschen zurückzieht, um zu beten. So heißt es im 6. Kapitel: „In diesen Tagen ging er auf einen Berg, um zu beten. Und er verbrachte die ganze Nacht im Gebet zu Gott." (Lk 6,12) Jesus spürt, dass er Zeit für sich braucht, eine Zeit, die niemand stören darf. Deshalb zieht er sich in die Einsamkeit zurück. Er klagt nicht darüber, dass er ständig angefragt wird, dass alle etwas von ihm wollen. Er zieht einfach die Konsequenz und geht von den Menschen fort auf einen Berg. Dort, in der Einsamkeit findet er den Freiraum und kommt im Gebet in Berührung mit seiner inneren Quelle. Er erfährt das Einssein mit dem Vater. Die Einheit mit dem Vater schützt ihn davor, von den Menschen „aufgefressen" zu werden. Nachdem Jesus die ganze Nacht allein im Gebet verbracht hatte, wählte er aus seinen Jüngern die zwölf Apostel aus. Das Gebet hatte ihm gezeigt, dass er seine Aufgabe an andere delegieren muss, um seine eigene Grenze nicht zu verletzen. Wie Mose, so erkennt auch Jesus seine Grenze an. Mose hatte Älteste eingesetzt, um sich zu entlasten. Jesus hat Jünger berufen und sie in die Städte der Umgebung ausgesandt, damit sie seine Botschaft den Menschen verkünden und die Kranken heilen. Er hat ihnen die gleichen

Aufgaben zugetraut, die er selbst erfüllt hat. Jesus – Gottes Sohn – stand zu seinen Grenzen.

Sich mit seinen Grenzen zu konfrontieren, kann Schuldgefühle hervorrufen. Deswegen haben viele nicht den Mut dazu und schrecken davor zurück: Vielleicht könnte ich doch noch diesem oder jenem helfen? Vielleicht könnte ich den Vortrag doch noch halten? Irgendwie wird es schon gehen. Oder sie lassen sich Schuldgefühle von anderen einreden: „Du wirst auf einmal egoistisch. Du denkst nur noch an dich. Du hast gar kein Gespür mehr für meine Bedürfnisse." Dagegen kann man sich kaum wehren. Und weil Schuldgefühle immer unangenehm sind, vermeide ich sie und erfülle lieber alle Wünsche der Menschen um mich herum. Um dem Gefühl aus dem Weg zu gehen, dass ich von anderen ausgenützt werde, rede ich mir dann möglicherweise sogar ein, dass das der Wille Gottes sei. Ich tue damit schließlich etwas Gutes. Ich werde gebraucht, also lasse ich mich brauchen. Meine Unfähigkeit, mich abzugrenzen, versuche ich sogar noch zu überhöhen. Ich mache aus ihr eine Tugend und bin stolz darauf. Doch eine solche Haltung rächt sich: Irgendwann wird mich meine Grenze einholen und ich werde aggressiv werden. Ich werde böse auf all die Menschen sein, die ständig etwas von mir wollen. Und auch diese Reaktion ist ein Zeichen dafür, dass ich meine eigene Grenze nicht akzeptiere: Lieber werde ich böse auf andere, als mir meine eigene Beschränktheit einzugestehen.

Schuldgefühle klären

Eine Altenheimleiterin hat sich für die Heimbewohner verausgabt. Sie hat ständig ihre Grenzen überschritten. Doch sie begründete ihren pausenlosen Einsatz mit dem Willen Jesu, der doch wolle, dass für die Armen und Kranken gesorgt wird. Mit dieser religiösen Begründung verdeckte sie ihr eigentliches Bedürfnis. In Wirklichkeit hat sie sich so verausgabt, weil sie Anerkennung suchte. Doch sich das einzugestehen, würde Demut erfordern. Dagegen ist es viel einfacher, das Bedürfnis nach Anerkennung hinter einer positiv klingenden Ideologie zu verstecken. Aber die Seele diese Frau rebellierte und zeigte ihr auf, dass ihr spiritueller Anspruch nicht dem Willen Gottes, sondern der eigenen Suche nach Beliebtsein entsprang. Dies führte sie in die geistliche Begleitung. Sie erzählte, sie könne ihr eigenes Herz nicht mehr spüren. Sie habe das Gefühl für die Sprache ihrer Seele verloren. Sie könne nicht mehr auf die innere Stimme hören. Die fromme Ideologie hatte ihre Ohren verschlossen, so dass sie die leisen Stimmen Gottes in ihrem Inneren nicht mehr vernahm. In einer solchen Situation ist es wichtig, sich zu vergegenwärtigen: Jesus ging eine ganze Nacht auf den Berg, um sich im Gebet zu öffnen und um Gottes Stimme in der Einsamkeit und Stille zu erhorchen.

Ein viel beschäftigter Bürgermeister schrieb in einem Brief, dass er physisch und psychisch an seine Grenzen gekommen sei. Er sei gerne in seinem Amt und auch damit zufrieden, Ansprechpartner für viele zu sein. Doch er spüre, dass er sich nicht mehr überregional engagieren möchte. In dieser Situation bekam er von seinen Parteifreunden zu hören, er sei egoistisch, er denke nur an sich. Man kam ihm sogar mit frommen Argumenten: Gott wolle, dass er Verantwortung für die Gesellschaft übernehme. Solche Vorhaltungen hatten in ihm ein schlechtes Gewissen ausgelöst. Vielleicht möchte Gott doch, dass er sich über seine Grenzen hinaus für andere engagiere. Jeder von uns ist empfänglich, wenn man ihm etwas zutraut. Und wir neigen auch dazu, Schuldgefühle, die uns von außen eingeimpft werden, zu verinnerlichen. Wir können uns kaum dagegen wehren.

Und doch: Das muss man aushalten. Auch und gerade weil Schuldgefühle quälend sind, muss man sich ihnen stellen und damit zugleich zu seinen eigenen Grenzen stehen. Ich habe keine Garantie, ob ich mich nicht noch mehr engagieren könnte und sollte. Und ich kann nicht mit Gewissheit sagen, was Gottes Wille ist. Aber ich muss mir erlauben, meinem eigenen Gespür zu folgen. Wenn ich einen starken Widerstand gegen mehr Verantwortung in mir fühle, dann darf ich darauf vertrauen, dass das Gottes Wille ist. Ich weiß selbst um mein Maß. Was mein Maß ist, das darf ich mir nicht von anderen vorschreiben lassen. Ich muss meine Grenze verteidigen und darf dabei auch riskieren, dass ich von Parteifreunden, die ihre Interessen verfolgen, oder von meiner Umgebung als egoistisch beschimpft werde.

Vielleicht haben die Menschen in meiner Umgebung ein gutes Gespür dafür, wie sie mich „herumkriegen". Sie brauchen mich nur zu loben und zu sagen, dass keiner etwas so gut könne wie ich. Und schon lasse ich mich zu etwas überreden, was ich bei ruhigem Nachdenken nie getan hätte. Die anderen merken, wo meine Achillesferse ist, an der sie in mich eindringen können. Irgendwann werde ich dann ärgerlich auf sie. Ich bin böse auf die vielen Menschen, die etwas von mir wollen. Aber wenn ich ehrlich bin: eigentlich bin ich böse auf mich selbst. Die anderen Menschen haben ja das Recht, mich zu fragen, ob ich das oder jenes tun könne. Ich habe allerdings auch das Recht, nein zu sagen und mich zurückzuziehen, wenn ich es brauche. Ich muss mich dafür auch nicht entschuldigen und ich bin keine Rechenschaft schuldig. Ein evangelischer Pfarrer erfuhr allerdings, wie schwer es fällt, aus diesem Rechtfertigungsdruck auszubrechen. Er hatte es jahrelang allen in der Gemeinde recht machen wollen. Doch nun entdeckte er für sich die Spur der Kontemplation. Er spürte ein tiefes Bedürfnis, in die Stille zu gehen und zu beten. Das brachte ihn jedoch in einen heftigen Konflikt mit der

Gemeinde. Sie verstand gar nicht, dass ihr Pfarrer Zeit zum Gebet brauchte. Aber im Gebet entdeckte dieser, was wirklich wichtig war. Er ließ sich nicht mehr die Maßstäbe seines Kirchenvorstandes aufdrängen, der ein sehr verbürgerlichtes Christentum vertrat. Das Gebet machte ihn feinfühlig für das, was Gott heute wirklich von einer Gemeinde will und was die eigentlichen Bedürfnisse und Sehnsüchte der Menschen sind. Und er war natürlich auch nicht mehr so leicht von Wünschen anderer zu manipulieren.

Eine Frau erzählte, sie käme mit ihrer Mutter nicht mehr zurecht. Die hätte ständig Erwartungen und Forderungen an sie. Die Mutter fordert von ihr, sie solle jede Woche kommen und sie besuchen, und sie solle jeden Tag anrufen. „Mir ist alles zu viel. Ich spüre, wie schon bei der Fahrt zu ihr der Ärger hochsteigt. Und dann braucht sie nur ein paar Sätze zu sagen, und schon bin ich voller Wut. Ich schreie sie dann an. Dann tut es mir wieder leid." Ich sagte der Frau: „Warum sind Sie böse auf Ihre Mutter? Die darf doch Erwartungen haben. Es ist ihr gutes Recht. Aber Sie dürfen auch nein sagen. Sie müssen entscheiden, welche Erwartungen Sie erfüllen möchten und welche nicht. Diese Entscheidung dürfen Sie nicht der Mutter zuschieben." Die Frau konnte nicht nein sagen, weil sie doch die liebe Tochter der Mutter sein wollte. Weil sie sich selbst nicht geschützt hat und nicht zu ihren Grenzen gestanden ist, hat sie ihren Ärger auf die Mutter gerichtet. In Wirklichkeit war sie enttäuscht von sich selbst. Ein Blick auf das Verhalten Jesu mag den richtigen Impuls geben: Er jammert nie, dass die Menschen etwas von ihm wollen. Er steht zu seinen Grenzen und schützt sie. Er tut das, was er gerade braucht. Er rechtfertigt sich nicht vor anderen. Er folgt seinem inneren Gespür.

Erspüren, was möglich ist

In der Tradition des Benediktinerordens gibt es ein entwickeltes Gespür für den Umgang mit Belastungen und dezidierte Regeln, die auch im Alltag heutiger Anforderungen von Gültigkeit sind. Der Ordensgründer Benedikt mahnt in diesem Sinn etwa den Cellerar, also den für die vielfältigen wirtschaftlichen Belange des Klosters Verantwortlichen: Wenn die Gemeinschaft größer ist, soll er sich Gehilfen suchen. Er soll die Arbeit delegieren und auf mehrere Schultern verteilen, damit er mit innerer Ruhe das ihm anvertraute Amt zu erfüllen vermag. Im Lateinischen heißt es hier: „aequo animo" – „mit Gleichmut". Es ist ein Begriff aus der stoischen Philosophie, für die es wichtig war, in allem den inneren Frieden und die Ruhe zu bewahren, sich nicht von Emotionen hin und her zerren zu lassen. Die stoische Philosophie ist überzeugt, dass wir für uns selbst und für unsere Grenzen verantwortlich sind. Wenn wir uns nicht überschätzen oder übernehmen und unsere Arbeit gerecht verteilen, können wir mit innerem Frieden arbeiten. Wenn wir ärgerlich sind, dürfen wir die Schuld nie anderen zuschieben. Letztlich sind wir für unseren Ärger verantwortlich. Wir ärgern uns über uns selbst, weil wir nicht zu unseren Grenzen gestanden sind. Damit unsere Seele ausgeglichen ist, müssen wir nicht nur das Maß unserer Arbeit limitieren. Zugleich müssen wir auch unsere Einstellung ändern. Wir dürfen unsere innere Grenze nicht überschreiten lassen. Was wir tun, berührt unsere Emotionen. Aber die Grenze zum Heiligtum unserer Seele darf die Arbeit mit ihren Konflikten nicht überschreiten. Dafür sind wir selbst verantwortlich, und das dürfen wir niemand anderem in die Schuhe schieben. Benedikt wusste, dass er den Cellerar ausdrücklich dazu ermutigen musste, zu seinen Grenzen zu stehen. Es braucht Demut, zu erspüren, was ich mir selbst zumuten kann und was ich delegieren soll.

12. Strategien der Abgrenzung

Vom notwendigen Selbstschutz

„Jesus nimmt frei"

Jesus hatte seine Jünger ausgesandt, um die Menschen zur Umkehr aufzurufen, Dämonen auszutreiben und Kranke zu heilen. Die Jünger kehren von ihrem Auftrag zurück und berichten ihm voller Stolz, was ihnen alles gelungen ist. Man kann sich vorstellen, wie es aus ihnen heraussprudelt, und welches Chaos entsteht, weil jeder seine Großtaten erzählen möchte. Jesus zieht daraus die Konsequenz und sagt zu den Jüngern: „Kommt mit an einen einsamen Ort, wo wir allein sind, und ruht ein wenig aus. Denn sie fanden nicht einmal Zeit zum Essen, so zahlreich waren die Leute, die kamen und gingen. Sie fuhren also mit dem Boot in eine einsame Gegend, um allein zu sein." (Mk 6,31f)

Jesus entwickelt eine Strategie der Abgrenzung. Er erkennt, dass er nicht jeden Bittsteller abweisen kann. Es kostet zuviel Energie, jedem nein zu sagen oder jedem zu erklären, dass man gerade die Zeit für sich braucht. Er fährt mit den Jüngern an einen Ort, an dem er mit ihnen allein ist. Dort können sie in aller Ruhe erzählen, wie es ihnen ergangen ist. Und sie können sich ausruhen, wieder neue Kräfte sammeln. Er sucht sich also einen äußeren Schutzraum, um sich von den Menschen abzugrenzen. Er braucht ihn, um mit den Jüngern allein sein zu können und um Zeit für den Austausch zu haben. Jesus hat ebenfalls Bedürfnisse und ist nicht grenzenlos belastbar. Ein Kinderbuch hat das auf humorvolle Weise zum Ausdruck gebracht: „Jesus nimmt frei" heißt dieses Buch. Es schildert, wie Jesus sich verausgabt hat und nun beschließt, einfach für einige Zeit auszusteigen und sich Zeit für sich zu nehmen. Er wandert durch die Landschaft und genießt den Ausblick. Er schlägt Räder und freut sich an seiner Bewegung. Er sieht mit neuen Augen den Sonnenaufgang und den Sonnenuntergang. Auf einmal bekommt er ein schlechtes Gewissen, weil er meint, er müsse doch für die Menschen da sein. Sie würden ihn brauchen. Sein himmlischer Vater aber zeigt ihm, dass überall dort, wo er aus lauter Freude Räder geschlagen hat, Quellen entsprungen sind. Und dort, wo er stehen geblieben ist, um die Sonne zu betrachten, waren Blumen aufgeblüht. Und er merkt, dass seine freie Zeit nicht umsonst war, sondern mehr Segen gebracht hat als sein angestrengtes Tun.

Konkrete Hilfen

Ich ärgere mich jedes Mal, wenn ich mich von jemandem zu etwas überreden lasse, was ich eigentlich gar nicht wollte. Inzwischen habe ich einige Strategien entwickelt, die mich vor dem Ärger über mich selbst bewahren und mir helfen, mich besser und konsequenter abzugrenzen. Die erste Strategie ist, dass ich am Telefon nie sofort zusage, sondern erst eine Bedenkzeit erbitte. Dann habe ich Zeit, meine Gefühle zu sortieren. Was spricht dafür? Ist es sinnvoll, dorthin zu gehen? Habe ich Lust dazu? Wehrt sich alles in mir dagegen? Fühle ich mich ausgenutzt? Ich höre dann auf mein Gefühl. Wenn ich in mir Ablehnung und Widerstand spüre, kann ich am nächsten Tag klar absagen.

Eine andere Strategie ist für mich, klare Tabuzeiten für mich zu reservieren. Früher habe ich auch am Sonntagnachmittag noch Gespräche angenommen. Es gab keinen Grund, nein zu sagen, wenn jemand ein Gespräch haben wollte. Jetzt habe ich mir den

Sonntagnachmittag und einen Abend in der Woche reserviert. Wenn jemand eine Bitte hat, kann ich deutlich nein sagen. Zu diesen Zeiten nehme ich nichts an. Das ist die Zeit des Rückzugs, in der ich nicht erreichbar bin. Jeder braucht in seinem Leben solche Tabuzonen, die ihm heilig sind. Das Heilige ist das, was der Welt entzogen ist. Rituale können helfen, solche Zonen zu schützen. Sie schaffen einen heiligen Raum, der von ständigen entfremdenden Anforderungen, die auf uns einstürmen, befreit ist. Die Zeit, die ich mir für mich reserviere, ist in diesem Sinn eine heilige Zeit, weil sie für mich einen Wert hat, den ich mir von keinen anderen Werten streitig machen lasse. In dieser heiligen Zeit vermag ich aufzuatmen, da komme ich in Berührung mit mir selbst und da bin ich in Berührung mit Gott. Da spüre ich, wie ich heil und ganz werde. Die heilige Zeit tut mir gut. Sie heilt meine Wunden. Sie klärt in mir, was sich an Trübem angesammelt hat.

Gott hat dem Volk Israel die heilige Zeit des Sabbat geschenkt. Der Sabbat ist dazu da, dass das Volk sich ausruht und sich dem Terror der Termine entzieht. Doch Gott fordert das Volk auch auf, den Sabbat zu heiligen. Das Heilige muss geschützt werden. Sonst verliert es seine heilende Wirkung. Für Christen ist der Sonntag der heilige Tag. In unserer Zeit, in der wirtschaftliche Interessen und gesellschaftliche Strömungen den Sonntag immer mehr aushöhlen möchten, ist es umso wichtiger, dass wir den Sonntag für uns heilig halten, als eine Zeit, in der niemand über uns bestimmen darf, in der wir das tun dürfen, was unserer Seele und unserem Leib gut tut. Viele Leute stopfen auch den Sonntag mit Aktivitäten zu. Sie verfälschen damit den Sinn des Sonntags, an dem wir uns bewusst abgrenzen von anderen und den Aufgaben und Erwartungen, die uns von außen angetragen werden.

Eine dritte Strategie ist, die Anfragen mit jemand anderem zu besprechen. Dann sehe ich klarer, wie wichtig das Anliegen ist. Indem ich es anderen erzähle, erkenne ich, ob ich da wieder meinen alten Mustern erlegen bin, vor allem dem Muster, es allen recht machen zu wollen. Wenn ich ein Anliegen im Team bespreche, dann kommen von den anderen oft Informationen, die mir klar zeigen, was da möglicherweise gespielt wird. Dann erfahre ich, dass die gleiche Gruppe schon diesen und jenen gefragt hat, ich erfahre, wie sie agiert und wir können überlegen, wie wir gemeinsam auf solche Spiele reagieren sollten. Im Telefonat hatte ich den Eindruck, es sei das Wichtigste von der Welt, diesen Vortrag oder Kurs zu halten. Sobald das Anliegen im Team besprochen wird, merken wir alle, wie unklar die Vorstellungen des Bittstellers wirklich sind und wie relativ sein Bedürfnis ist. Er wollte nur Druck ausüben und mir ein schlechtes Gewissen machen. In Wirklichkeit ist er sich selber nicht klar, was er eigentlich möchte. Ein anderer Ort, an dem wir die Anfragen von außen immer wieder einmal anschauen sollten, ist die Supervision. Indem wir einem anderen erzählen, wie wir mit unseren Terminen umgehen, merken wir, dass wir immer noch nicht klar und konsequent genug sind.

Kriterien der Klärung

Solche Strategien sind eine Hilfe, mich auch wirklich abgrenzen zu können, weil sie nicht zufällig und nur in einer bestimmten Situation anwendbar sind. Sie setzen eine grundsätzliche Klärung über das voraus, was ich eigentlich will und kann. Ohne Strategie bleibt der Wunsch nach der eigenen Abgrenzung oft im Vorsatz stecken, wird also nicht Realität. Freilich: nicht immer helfen Strategien. Und auch sie dürfen nicht verabsolutiert werden.

Auch Jesus musste die Erfahrung machen, dass seine Strategie der Abgrenzung kein voller Erfolg war. Markus berichtet: „Aber man sah sie abfahren, und viele erfuhren davon; sie liefen zu Fuß aus allen Städten dorthin und kamen noch vor ihnen an.“ (Mk 6,33) So wurde aus der Klausur mit den Jüngern und der Ruhepause nichts. Die Leute achteten die Abgrenzung Jesu nicht. Sie nahmen ihre eigenen Bedürfnisse für absolut. Sie wollten unbedingt diesen Jesus sehen. Und offensichtlich hatten sie Erfolg. Jesus hatte Mitleid mit den Leuten: „Denn sie waren wie Schafe, die keinen Hirten haben. Und er lehrte sie lange.“ (Mk 6,34) Auch er war also offensichtlich hin und her gerissen zwischen seinem Bedürfnis, mit seinen Jüngern allein zu sein, und dem Wissen um die wirkliche Bedürftigkeit der Leute, die eine innere Not zu ihm geführt hatte. Und er sah im Augenblick niemanden, der auf diese Not angemessen reagieren konnte. Er fühlte sich von Gott gedrängt, diesen Menschen die Augen für das Eigentliche zu öffnen und ihnen von einem Gott zu erzählen, der sie bedingungslos liebt. Er wollte ihnen einen Weg zum Leben eröffnen, weil er sah, dass sie sich sonst verirrten.

Vor dieser Spannung stehen wir immer wieder, wenn wir uns abgrenzen. Oft sind die Wünsche der Menschen, die etwas von uns wollen, ja durchaus berechtigt. Sollen wir nicht das eigene Bedürfnis vernachlässigen, um uns auf andere einzulassen, die unsere Hilfe wirklich brauchen? Solche Fragen kann man nicht einfach unterdrücken. Man muss sich ihnen stellen. Es ist aber dabei hilfreich, auf sein Gefühl zu hören: Macht es mich innerlich frei, mich von meinem eigenen Bedürfnis zu verabschieden und mich den Menschen zuzuwenden? Oder regt sich in mir Widerstand? Ahne ich, dass ich bloß ausgenutzt werde? Oder gerate ich in die Falle, dass ich mich selbst überschätze und meine, ich sei der einzige, der hier helfen kann? Antworte ich hier auf einen wirklichen Anruf Gottes? Oder identifiziere ich mich vielleicht mit dem Archetyp des Propheten oder des Missionars oder gar des Erlösers? Glaube ich, dass die Leute mich brauchen, weil ich eine einzigartige Botschaft verkünde? Der Grat ist schmal zwischen dem notwendigen Hören auf den Anruf Gottes und einer möglichen Selbstüberschätzung, die Leute seien angewiesen auf meine Arbeit und auf das, was ich zu sagen habe. Gewissheit, ob ich richtig handle, werde ich nie haben. Mit dieser Unsicherheit muss ich leben. Bei mir selber führt das dazu, dass ich es aushalten muss, gelegentlich auch beschimpft zu werden: „Sie schreiben so schöne Bücher. Aber für mich haben sie keine Zeit. Sie sonnen sich lieber im Erfolg, als sich auf einen Menschen einzulassen, der wirklich in Not ist." Ich spüre, wie solche Sätze in mir Schuldgefühle hervorrufen möchten, auch wenn ich weiß, sie sind eine subtile Form von Machtausübung. Natürlich kann ich nie mit absoluter Sicherheit behaupten, ich würde mit dieser oder jener Entscheidung Gottes Willen erfüllen. Ich kann nur sagen, dass ich jetzt weder kann noch will. Ob der andere es versteht oder nicht, muss ich ihm überlassen. Dass er von mir enttäuscht ist und aggressiv wird, muss ich aushalten.

13. Grenzen schaffen Beziehung

Von der Angst vor Liebesverlust und von gelingender Liebe

Eine neue Qualität der Beziehung

Der entscheidende Grund, warum wir uns oft mit dem Abgrenzen so schwer tun, ist die Angst, wir könnten uns unbeliebt machen, wir würden eine Beziehung stören oder gar abbrechen, die Angst davor, abgelehnt zu werden. In Wirklichkeit ist es gerade umgekehrt: Die Bejahung der eigenen Grenzen schafft gesunde Beziehungen. Ich habe die Erfahrung gemacht, dass andere mein Nein durchaus verstanden und respektiert haben, ja dass das Nein zum Anlass geworden ist, über meine und die Situation des Fragers ehrlicher zu sprechen, als wenn ich gleich Ja gesagt hätte. Das Nein bedeutet keine Ablehnung des anderen, sondern ist zugleich ein Angebot, auf eine Weise eine Beziehung aufzunehmen, die mir und dem anderen gut tut. Wenn ich immer nur ja sage, dann bin ich zwar bei vielen beliebt. Aber ein Automatismus des Ja-Sagens verhindert in Wirklichkeit eine gesunde Beziehung. Wenn ich mich klar abgrenze, können auch die anderen von mir lernen und den Mut zur eigenen Abgrenzung finden. Ich befreie sie von ihrem schlechten Gewissen, wenn sie selber Nein sagen. Sie fühlen sich frei und lassen mir die Freiheit.

Wie Abgrenzung Beziehung schafft, das zeigt uns die Begegnung des auferstandenen Jesus mit Maria von Magdala (Joh 20,1–18). Maria von Magdala steht voller Sehnsucht schon frühmorgens auf, um zum Grab zu gehen. Sie sucht den, den ihre Seele liebt. Sie möchte Jesus noch einmal sehen und ihn berühren, auch wenn er tot ist. Doch das Grab ist leer. Dreimal spricht sie davon, dass man den Herrn aus dem Grab weggenommen hat und keiner weiß, wohin man ihn gelegt hat. Beim dritten Mal sagt sie zum vermeintlichen Gärtner: „Herr, wenn du ihn weggebracht hast, sag mir, wohin du ihn gelegt hast. Dann will ich ihn holen." (Joh 20,15) Sie meint, sie könne den Leichnam für sich holen und in die Hand nehmen. In diesem Augenblick spricht Jesus sie mit ihrem Namen an: „Maria! Da wandte sie sich ihm zu und sagte auf hebräisch zu ihm: Rabbuni!" (Joh 20,16) In diesem kurzen Dialog geschieht Eins-werden. Da blitzt die Liebe zwischen ihr und Jesus auf. Sie möchte diese Liebe am liebsten festhalten. Sie umarmt Jesus. Doch der sagt: „Halte mich nicht fest; denn ich bin noch nicht zum Vater hinaufgegangen." (Joh 20,17) Jesus grenzt sich also ab. Er lässt sich nicht festhalten. Aber diese Abgrenzung zerstört nicht die Beziehung. Vielmehr ermöglicht sie eine Beziehung auf einer anderen Ebene. Im anderen ist immer etwas, das unserem Zugriff entzogen ist. Dieses Innerste, das auch in uns ist, diesen inneren Raum des Schweigens, der ist für andere unzugänglich, den dürfen wir getrost abgrenzen. Maria von Magdala fühlt sich von Jesus in Liebe angesprochen. Sie ist ihm begegnet. Sie hat eine neue Qualität von Beziehung erlebt. Diese macht sie glücklich und frei. Sie kann Jesus loslassen, weil das Wort der Liebe, das sie gehört hat, stärker ist als das Nein der Abgrenzung. Das Nein der Abgrenzung vertieft ihre Liebe.

Gefahren in der Liebe

Diese Erfahrung ist nicht ungewöhnlich: Freundespaare und Ehepaare erzählen oft, dass ihnen zuviel Nähe schadet. Sie benötigen immer wieder auch die Distanz. Sie müssen sich voneinander abgrenzen, sich loslassen, damit sie wieder neue Lust haben, aufeinander zuzugehen. Wenn Paare zu nahe zusammen sind, nehmen oft auch die Aggressionen zu. Manche meinen dann, sie würden sich nicht genug verstehen. Sie haben den inneren Anspruch, sie müssten immer voller Liebe sein, wenn sie zusammen sind. Dass die Aggression ein Aufruf ist, sich den eigenen Raum zu reservieren, erkennen sie nicht. Zu sehr sind sie in ihrem Ideal von einer immer präsenten Liebe gefangen. Neben der zu großen Nähe lauert noch eine andere Gefahr in der Liebe: Es ist das Benutzen des anderen für mich selbst. Der Psychotherapeut Hans Jellouschek spricht in diesem Zusammenhang von „Ich-Erweiterung". Ich sehe den anderen nicht in seinem Eigendasein, als den ganz anderen. Ich nehme ihn insofern war, als er mir hilft, zu mir selbst zu finden. Ich suche durch den anderen nur eine Erweiterung meines eigenen Ichs. In einer solchen Haltung macht Jellouschek auch einen Grund dafür aus, warum viele Ehen scheitern. Partner wollen den anderen in sich hineinnehmen. Sie achten nicht das, was im anderen meinem Zugriff entzogen ist. Im anderen ist ein Raum, zu dem ich keinen Zutritt habe. Man könnte auf dem Hintergrund der Begegnung zwischen Jesus und Maria von Magdala sagen: Im anderen gibt es ein Geheimnis, das ihn und mich übersteigt. Und nur wenn ich dieses Geheimnis achte, wird die Beziehung gelingen. Wenn ich den anderen zu meiner eigenen Selbstverwirklichung brauche, werde ich ständig enttäuscht sein. Hans Jellouschek setzt gegen diese Tendenz, den Partner für mich zu benutzen, etwas anderes: die Fähigkeit zur Hingabe. Viele haben heute Angst, sich hinzugeben. Sie meinen, sie würden sich dann aufgeben. Aber Hingabe als Überschreiten meiner Grenze ist die Voraussetzung, dass ich wirklich in Beziehung komme zum anderen, dass ich mit ihm eins werde.

Aus der Erfahrung in der Paarberatung sehen wir noch einen anderen Weg, wie die Beziehung gelingen kann. Jellouschek spricht davon, dass das Paar eine ausgeglichene Balance zwischen Ich und Wir, zwischen Autonomie und Bindung und zwischen Geben und Nehmen entwickeln muss. Wer alles alleine machen will, grenzt sich vom anderen so stark ab, dass kein Wir-Raum entstehen kann, der für eine Partnerschaft notwendig ist. Auch das Geben und Nehmen sollte in einer Beziehung ausgeglichen sein. Wenn einer immer nur der Gebende ist, fühlt er sich irgendwann ausgenutzt. Und der Nehmende wird zunehmend passiver und einfallsloser. Nur wenn beide geben und nehmen, entsteht ein Miteinander, das nicht einengt, sondern befruchtet.

Peter Schellenbaum spricht vom „Nein in der Liebe", von der „Aggression zwischen Liebenden". Eine gesunde Beziehung braucht auch die Aggression als abgrenzende und gleichzeitig zupackende Kraft, um lebendig zu bleiben. Wenn ich meine Grenzen auf eine gute Weise verteidige, dann weiß der andere, woran er ist. Dann wird er meine Grenzen respektieren und fühlt sich auch in seinen eigenen Grenzen ernst genommen. Nur wenn zwei Partner sich in diesem Sinne klar definieren, können sie gut miteinander umgehen, dann können sie einander besuchen. Sie werden die Grenzen in der Liebe oft aufheben, um miteinander zu verschmelzen. Aber dann setzen sie die Grenzen wieder, um miteinander kommunizieren zu können.

Vom Mut der Klarheit

Henri Nouwen erzählt in dem Buch „Ich hörte auf die Stille" von einem mehrmonatigen Aufenthalt im Trappistenkloster Gennessee. Er berichtet von seinen Gesprächen mit dem Abt dieses Klosters. Nouwen sucht in diesen Gesprächen eine Lösung dafür, wie er sich besser abgrenzen kann, sobald er wieder daheim ist und seiner gewohnten Arbeit nachgeht. Der Abt rät ihm, klare Zeiten für sich zu reservieren, die nur ihm und Gott gehören. Und er meint, diese klaren Zeiten würden auch Klarheit in die Beziehungen zu seinen Freunden bringen. Wenn er sich dazu entschließt, feste Zeiten für seine Meditation einzuhalten, würden ihn seine Freunde darin unterstützen: „Ich würde bald entdecken, dass alle, die sich von diesem Lebensstil angesprochen fühlten, an ihm teilhaben wollten. Mit anderen Worten: ein klarer, offenkundiger und genau umrissener Lebensstil würde mir die Möglichkeit geben, bessere Beziehungen zu den Menschen anzuknüpfen, und er würde mir ein Kriterium an die Hand geben, um beurteilen zu können, mit wem ich ein mehr und mit wem ich ein weniger intensives Vertrauensverhältnis eingehen sollte."

Wenn der andere weiß, dass ich unerreichbar bin, weil ich meditiere, so wird er meine Grenze respektieren. Aber er wird mich mit einem guten Gewissen dann anrufen, wenn ich wirklich erreichbar bin. Grenzen schaffen Klarheit in der Beziehung und damit Freiheit.

Was Henri Nouwen von den Beziehungen zu seinen Freunden erzählt, gilt auch für das Miteinander in den Familien. Immer wieder hören wir etwa von Leuten, die Angst haben vor dem Weihnachtsfest und den damit verbundenen emotionalen Ansprüchen. Viele fliehen in die Fremde, um dem feiertäglichen Zusammensein in der Familie aus dem Weg zu gehen. Der Grund für diesen Widerstand gegen Weihnachten in der Familie liegt in dem Anspruch, dass man immer zusammen sein müsse. Ein großer Erwartungsdruck lastet auf diesen Tagen im Dezember: Da müsse man alles gemeinsam machen: gemeinsam essen, gemeinsam spielen, gemeinsam in den Gottesdienst gehen. Wenn man dann aber sehr lange „zusammenhockt", ist es kein Wunder, dass die Aggressionen wachsen. Ich brauche auch in der Familie Freiräume, um das Miteinander genießen zu können. Ein Zuviel an Miteinander tut nicht gut. Eine Studentin erzählte: Ihre Mutter war sauer, wenn die Tochter an den Weihnachtstagen einmal allein spazieren gehen wollte. Schon das empfand sie als Aufkündigung der Familiengemeinsamkeit. Wenn sie allerdings in der Familie blieb, hatten sie sich eigentlich gar nicht viel zu sagen. Hauptsache, alle sind zusammen: Eine solche Art von Verpflichtung ist der Tod echter Gemeinschaft.

„Halte mich nicht fest!"

Eine Liebe, die klammert, engt den anderen ein und erstickt allmählich die Liebe. Liebe braucht eine Haltung, die wir in dem klaren Wort Jesu finden: „Halte mich nicht fest!" Wenn sich jemand festgehalten fühlt, wird er sich gewaltsam loszureißen und zu befreien suchen. Oder er entzieht sich immer mehr der Liebe des anderen. Damit die Liebe lebendig bleibt, braucht es Nähe *und* Distanz. Es braucht nicht nur Verschmelzen, sondern auch Abgrenzung. Und es braucht das Gefühl für die tiefste Unverfügbarkeit des anderen, die Anerkennung des Geheimnisses in seiner Person – damit die Liebe atmen kann, damit sie Heimat bleibt und nicht ein Gefängnis wird.

Eine junge Frau erzählte, dass sie sich in ihrer Ehe wie eingekerkert fühle. Wenn sie allein etwas unternehmen möchte, will ihr Mann genau wissen, was sie tut. Er wacht eifersüchtig darüber, dass sie ja nichts tut oder denkt, wozu er keinen Zugang hat. Es ist offensichtlich die Angst, sie könne selbständig denken und Schritte tun, die sie in eine Freiheit führen, über die er keine Gewalt mehr hat. Eine andere Frau berichtet, dass sie ihrem Mann nach ihrer Einzeltherapie alles erzählen muss, was in der Stunde abgelaufen ist. Offensichtlich hat er Angst, sie könnte etwas von ihm und über ihn erzählen. Der Mann gönnt ihr nicht einmal den Privatraum der Therapie. Solch ein Gefängnis hält nach aller Erfahrung nicht lange. Entweder wird die Partnerschaft zur Hölle oder einer von beiden wird mit Gewalt ausbrechen oder sich der Ehe durch Krankheit entziehen. Wenn die Betroffenen das vermeiden wollen, hilft nur eines: Sie müssen ihr Beziehung neu gestalten, so dass Vertrauen und Freiheit Raum gewinnen.

14. Grenzen überschreiten
Von Herausforderungen und vom Mut

Ein Vorbild innerer Freiheit

Grenzen sind nie etwas Absolutes. Sie können auch in positivem Sinn zur Herausforderung werden. Wieder können wir am Beispiel Jesu sehen, was gemeint ist: Er überschreitet in seinem Leben immer wieder Grenzen. Lukas beschreibt ihn als den göttlichen Wanderer, der vom Himmel auf die Erde herabsteigt, um mit uns Menschen zu wandern und uns an den göttlichen Kern zu erinnern. Schon seine Geburt ist von Grenzüberschreitungen geprägt. Sobald Maria schwanger ist, verlässt sie ihr Haus und geht über das Gebirge zu Elisabeth. Maria und Joseph müssen auswandern aus ihrer Heimat, um sich in Bethlehem in die Steuerlisten eintragen zu lassen. Auf der Wanderschaft wird Jesus geboren. Die Flucht führt ihn nach Ägypten. Und er wird zeit seines Lebens ein Wanderer sein, der immer wieder soziale und religiöse Grenzen überschreitet: die Grenze zu den von den Juden verachteten Samaritern, die Grenze zu den Sündern und Zöllnern und die Grenze zu den Heiden. Und schließlich wird er über die Grenze des Todes in das grenzenlose Leben der Auferstehung schreiten.

Durchgängig können wir feststellen: Jesus lässt sich seine Wege nicht von außen bestimmen. Auch nicht von den Warnungen der Pharisäer: „Geh weg, verlass dieses Gebiet, denn Herodes will dich töten." (Lk 13,31) Jesus lässt sich vom feindlichen König Herodes keine Grenzen setzen. Er geht seinen eigenen Weg und verfolgt seinen Auftrag. So antwortet er den Pharisäern:

„Geht und sagt diesem Fuchs: Ich treibe Dämonen aus und heile Kranke, heute und morgen, und am dritten Tag werde ich mein Werk vollenden. Doch heute und morgen und am folgenden Tag muss ich weiter wandern; denn ein Prophet darf nirgendwo anders als in Jerusalem umkommen." (Lk 13,32f) Jesus lässt sich nicht von Herodes bestimmen. Er nennt ihn einen Fuchs. Der Fuchs ist schlau und verschlagen. Aber er ist gegenüber dem mächtigen Löwen ein unbedeutendes Tier. Seine Jünger nennen später Jesus den Löwen von Juda. Er lässt sich vom Fuchs nicht begrenzen. Der Löwe setzt selbst die Grenzen, innerhalb derer er wirken möchte. Jesus zeigt mit diesem Wort auf, dass Herodes sich als mächtig aufspielt und voller Intrigen ist. Aber letztlich hat er keine Macht. Jesus wirkt solange im Herrschaftsbereich des Herodes, wie er selbst es möchte. In Jerusalem wird er sein Werk vollenden, und zwar durch seinen Tod für die Menschen. Aber dieses Ende ist ihm nicht von Menschen gesetzt, sondern von Gott. Es ist eine innere Grenze, die er in sich spürt und die er aus freiem Willen akzeptiert.

Auf seiner Wanderung kommen auch andere Menschen zu Jesus. Sie sind fasziniert von seiner inneren Freiheit und Ausstrahlung und möchten ihm nachfolgen. Der erste Mann sagt zu Jesus voller Selbstbewusstsein: „Ich will dir folgen, wohin du auch gehst." (Lk 9,57) Jesus aber weist ihn auf die Bedingungen hin: „Die Füchse haben ihre Höhlen und die Vögel ihre Nester; der Menschensohn aber hat keinen Ort, wo er sein Haupt hinlegen kann." (Lk 9,58) Viele wollen etwas leisten in ihrem Leben. Aber sie berücksichtigen nicht die Bedingungen. Sie möchten immer im vertrauten Nest bleiben, in den engen Grenzen, in denen sie sich geborgen fühlen. Sie haben Angst, ihre Grenzen zu erweitern. Vor lauter Sich-Abgrenzen kommen sie gar nicht in Bewegung. Sie entdecken gar nicht, wie viel Potential in ihnen steckt, aus Angst, das vertraute Nest verlassen zu müssen, den eng abgesteckten

Raum ihrer bisherigen Grenzen. Wer Jesus nachfolgen will, der muss sich weit aus dem Fenster lehnen und sich vom Wind umwehen lassen. Er muss das eigene Haus verlassen und in die Fremde ziehen, in unbekannte Bereiche, in denen er nicht weiß, ob er ihnen gewachsen ist, und wo und wie er sich darin ausruhen kann. Doch wer das Unbekannte scheut, der wird nie in seine eigene Kraft hineinwachsen. Er wird immer nur die Kraft erproben, die er bisher gespürt hat. Sein Leben wird unfruchtbar bleiben. Wer nur Dienst nach Vorschrift ausübt, der wird dabei auch nicht glücklich. Er hat zwar ein bequemes Leben. Aber es wird langweilig. Und es fehlt die Spannung. Zum Menschen gehört es, dass er ausbricht aus der Enge und den Mut hat, seine eigenen Kräfte zu messen. Dabei wird er immer auch verlieren. Wer kämpft, der wird auch verwundet werden.

Blockierte Aktivität

Die Psychologin Margrit Erni spricht davon, dass Menschen, die sich unterfordern, häufig Aktivitäten suchen, „die unter normalen Umständen meistens unter ihrem sonstigen moralischen Niveau liegen. Blockierte Aktivität kann negative psychische Konsequenzen haben. Die Grenze wird hier zur gefährlichen Eingrenzung, die nicht nur hemmt, sondern auch vergiftet." Wir brauchen die Herausforderung, etwas zu leisten, um gesund zu leben. Wer dieser Herausforderung aus dem Weg geht und sich lieber in seinem Nest des Wohlbehagens einrichtet, der wird sich nicht weiterentwickeln. Er wird in sich bald Verbitterung und innere Vergiftung wahrnehmen. Abraham Maslow spricht davon, dass manche vor dem eigenen Wachstumspotential zurückschrecken. Für ihn ist, so Erni, „dieses Zurückschrauben eigener Erwartungen, diese Furcht, sich völlig auszugeben, die freiwillige Selbstverstümmelung, die angebliche Dummheit, die falsche Bescheidenheit, in Wahrheit nichts als Furcht vor der Großartigkeit." Diese Menschen trauen ihrer Berufung nicht, die sie von Gott erhalten haben. Sie machen sich künstlich klein. Sie haben Angst, über ihre Grenze zu gehen, und verstümmeln sich auf diese Weise selber. In einem modernen religiösen Lied heißt es: „Meine engen Grenzen, meine kurze Sicht, bringe ich vor dich. Wandle sie in Weite. Herr, erbarme dich." Gott möge unsere engen Grenzen aufbrechen und sie in Weite verwandeln. Enge Grenzen sind Zeichen von Angst und innerer Unfreiheit. Das weite Herz, das für Benedikt ein Zeichen echter Spiritualität ist, bricht diese Enge auf. Wer einen spirituellen Weg geht, muss die engen Grenzen seiner Selbstbeschränkung und Ängstlichkeit hinter sich lassen und den Mut haben, in die Weite Gottes zu schreiten.

Ungelebtes Leben

Was meine Grenze ist, erfahre ich erst, wenn ich einmal über die Grenze hinausgegangen bin. Wer nie den Mut hat, seine eigene Grenze zu überschreiten, dessen Leben verkümmert. Erich Fried hat ein Gedicht geschrieben, das uns in drastischen Bildern einen Menschen schildert, der sich vor lauter Angst, er könne vielleicht einmal überfordert werden, überhaupt nicht fordern lässt und letztlich an seinem ungelebten Leben leidet.

> „Auch ungelebtes Leben
> Geht zu Ende
> Zwar vielleicht langsamer
> Wie eine Batterie
> In einer Taschenlampe
> Die keiner benutzt

Aber das hilft nicht viel:
Wenn man
(sagen wir einmal)
Diese Taschenlampe
Nach soundsovielen Jahren
Anknipsen will
Kommt kein Atemzug Licht mehr heraus
Und wenn du sie aufmachst
Findest du nur deine Knochen
Und falls du Pech hast
Auch diese schon ganz zerfressen

Da hättest du
Genauso gut
Leuchten können."

Ein junger Mann kam zu mir. Er hatte das Gymnasium in der 11. Klasse abgebrochen. Die erste Lehre als Elektriker machte er schon nach einem halben Jahr nicht mehr weiter. Die Gärtnerlehre hielt er immerhin ein Jahr lang durch. Dann passte ihm der Betrieb dort auch nicht mehr. Seine Mutter hatte ihm immer alle Steine aus dem Weg geräumt. Sobald er in der Schule oder in der Lehre die ersten Schwierigkeiten überwinden musste, gab er auf und zog sich wieder in das vertraute Nest der Mutter zurück. Dort ist vertraute Wärme, aber auch Einengung, innerhalb derer er sein Leben nie wird meistern können. Er muss diese Enge verlassen, um weiterzukommen. Als ich ihn nach seinen Berufswünschen fragte, meinte er, er möchte Sportjournalist im Fernsehen werden. Doch er hatte außer einem Brief, der nie beantwortet wurde, keinen konkreten Versuch unternommen, sein Ziel zu erreichen. Aus dem Nest der Mutter heraus phantasierte er sich andere Welten, in die er flüchten wollte. Doch die waren reine Illusion. Sie taten nicht weh. Als ich ihm sagte, der Fernsehalltag sei genauso rau wie die Arbeit in der Gärtnerei, schwärmte er mir vor, wie schön es sei, über Fußballspiele oder Rennsport zu berichten. Doch dass gerade er diesen Traumjob erringen sollte, ist ziemlich unwahrscheinlich. Und ganz sicher wird er nie zu dieser Aufgabe kommen, wenn er nicht aus dem Nest der Mutter aussteigt und kämpfend seine sich selbst gesetzten Grenzen überschreitet.

Manche Menschen trauen sich nicht, ihr Nest zu verlassen, weil sie selbst verlassen worden sind. Eine Frau – von der Erfahrung als Scheidungskind tief geprägt – erzählt: Ihre Mutter bindet sie immer wieder mit den Worten an sich: „Wenn du mich verlässt, sterbe ich." So lebt sie mit 33 Jahren immer noch bei ihr. Sie spürt zwar schmerzlich die Enge, die sie einschnürt. Aber als Scheidungskind hat sie Angst, nun auch noch die Mutter zu verlieren. Der Vater war einfach fortgegangen. Wenn sie die Mutter verlässt, so ihre tiefe Angst, wird sie sich selber völlig verlassen fühlen. So bleibt sie also lieber im Nest sitzen, obwohl sie unter der Enge leidet. Ein solcher Mensch braucht zunächst einmal die Erfahrung einer inneren Stärke als innere Heimat, um die äußere „Heimat", die sie nur noch einengt, verlassen zu können.

Aus dem mütterlichen Nest auszubrechen ist besonders schwierig. Aber auch die Loslösung vom Vater ist bisweilen gefordert. Auch hierzu eine beispielhafte Szene aus der Bibel. Zu einem zweiten Mann, der Jesus unbedingt nachfolgen, aber zuerst noch heimgehen und seinen Vater begraben wollte, sagte der Meister: „Lass die Toten ihre Toten begraben; du aber geh und verkünde das Reich Gottes!" (Lk 9,60) Der junge Mann wollte zwar seinen eigenen Weg gehen. Aber er wollte warten, bis der Vater stirbt und die Erbschaft geregelt ist. Doch wer wartet, bis der Vater gestorben ist, der wird seinen eigenen Weg nie finden. Er wird immer auf den Vater und dessen Erwartungen schauen.

Aus Angst, den Vater zu verletzen, wird er sich anpassen, anstatt das eigene Leben zu leben. Für die Juden war es höchste Pflicht und Ehre, die Toten zu begraben. Jesus schockiert den jungen Mann mit seinem radikalen Satz, die Toten sollten ihre Toten selber begraben. Für den Mann ist der Vater also schon tot. Für ihn ist die innere Abhängigkeit vom Vater Ausdruck von Totsein. Wer nur tut, was der Vater sagt, der ist nicht lebendig. Wer warten will, bis der Vater tot ist, der ist jetzt schon gestorben. Damit er selbst leben kann, muss erst der Vater im Inneren des Sohnes sterben. Manchmal träumen wir, dass der Vater stirbt oder gestorben ist. Ein solches Traumbild zeigt, dass wir innerlich von ihm frei geworden sind und dass wir uns nicht mehr über eine äußere Autorität definieren. Manchmal stellt uns so ein Traum auch vor die Aufgabe, dass wir den Vater innerlich sterben lassen müssen, dass wir uns von ihm distanzieren sollen. Das bedeutet: Nur wer mit sich in Berührung ist und mit der inneren Stimme, die er im Herzen hört, vermag die engen Grenzen zu überschreiten, die ihm der Vater setzt. Gute Väter schicken ihre Söhne und Töchter auf den Weg. Sie geben ihnen Mut, selbst ihren Weg zu suchen und zu gehen. Väter, die ihre Söhne und Töchter in ihre eigenen Erwartungen pressen, sind letztlich tot. Und wir sollten sie sich selbst überlassen.

Der inneren Stimme trauen

Wie frei kann mein persönlicher Weg im Leben sein? Auch hierzu wieder eine Geschichte aus dem Neuen Testament. Da geht ein Mann auf Jesus zu und sagt: „Ich will dir nachfolgen, Herr. Zuvor aber lass mich von meiner Familie Abschied nehmen.“ Jesus erwiderte ihm: „Keiner, der die Hand an den Pflug gelegt hat und nochmals zurückblickt, taugt für das Reich Gottes.“ (Lk 9,61) Dieses Wort Jesu finden wir nur im Lukasevangelium. Als der Prophet Elischa seinen Meister Elija fragte, ob er zuerst Abschied von seiner Familie nehmen dürfe, bekam er dafür die Erlaubnis. Jesus verweigert dieses Ansinnen. Seine Antwort steht der Anschauung griechischer Philosophen nicht ferne. Lukas übersetzt die Worte Jesu in die griechische Umwelt seiner Zeit hinein. Viele möchten zwar ihren eigenen Weg gehen. Sie wollen die Grenzen ihres Vaterhauses überschreiten. Dieser Schritt soll von der eigenen Familie erlaubt und bestätigt werden. Aber wenn erst einmal alle einverstanden sein sollen mit meinem eigenen Weg, dann ist es nicht mehr mein persönlicher Weg. Jesus ermutigt uns, den als richtig erkannten Weg zu gehen, auch dann, wenn die Familie und die Freunde diesen Weg nicht verstehen. Jesus nachfolgen, das heißt, der inneren Stimme zu folgen, der Stimme Gottes, die mir sagt, was mein ureigenster Weg ist. Diese Stimme Gottes erkenne ich an der eigenen Stimmigkeit. Wenn bei einer Entscheidung in mir Friede ist, wenn ich Lebendigkeit und Freiheit spüre, dann darf ich darauf vertrauen, dass es Gottes Stimme ist, die in mir diese Entscheidung hervorruft. Und die ist wichtiger als die Stimmen der Hausgenossen. Ich muss meiner inneren Stimme folgen, auch wenn die Menschen in meiner Umgebung mich von meinem Weg abhalten möchten. Ich brauche nicht den Beifall der anderen. Die innere Stimmigkeit genügt, um meinen Weg entschlossen zu gehen.

Mit den Zielen wachsen

Jesus drückt es mit einem Bild aus, wie wir unseren Weg gehen sollen: Wer einen Acker pflügt, darf nicht ständig auf die Furchen zurückschauen, die er gegraben hat. Wenn er das täte, würden die Furchen krumm, die er pflügt. Er muss nach vorne schauen, ohne sich immer wieder zu vergewissern, ob alles richtig war. Jesus macht uns Mut, uns nicht von der Vergangenheit und von den

Erfahrungen der früheren Grenzen her zu definieren, sondern mutig weiter zu gehen. Der Pflüger weiß nicht, wie lange seine Kraft reicht. Aber während er eine Furche pflügt, darf er nicht innehalten. Solange jemand sein Ziel vor Augen hat, wird er die Kraft haben, weiterzuarbeiten. Ziele aktivieren unsere Potenziale. Friedrich Schiller sagt treffend: „Es wächst der Mensch mit seinem Ziel." Natürlich darf dieses Bild des Nach-vorne-Blickens nicht absolut gesetzt werden. Ich muss zudem meine eigenen Kräfte richtig einschätzen. Wenn ich aber nur zurückschaue auf die Kraft, die ich früher hatte, werde ich nie entdecken, wie viel Kraft in mir noch steckt. Die Kraft wächst mit dem Ziel. Wer ein Ziel anstrebt und auf es zugeht, wird erst merken, wozu er fähig ist. Er wird seine bisherigen Grenzen überschreiten – und an neue Grenzen stoßen. Dann sollte er sich mit diesen Grenzen zufrieden geben, bis er einen Impuls spürt, auch sie zu überschreiten. Wo meine Grenze liegt, das erkenne ich erst, wenn ich sie überschritten habe. Wer nie bis an die Grenze geht und etwas darüber hinaus, wird nie weit kommen. Und immer nur sein eigenes Wohlbefinden zu pflegen, das wird irgendwann langweilig. Wer über seine Grenzen hinausgeht, fühlt sich zudem besser.

In Gesprächen erleben wir immer mehr Menschen, die sich in ihre eigenen Grenzen zurückziehen. In einer grenzenlosen Gesellschaft haben sie Angst, selbst grenzenlos zu werden. Die Angst ist berechtigt. Doch wer sich von dieser Angst bestimmen lässt, dessen Leben wird eng. Es fehlt die Herausforderung durch das Leben. Solche Menschen lassen sich kaum begeistern. Sie haben Angst, sie könnten etwas verlieren, wenn sie sich auf den Weg machen und ihre Grenzen überschreiten, indem sie sich für ein Projekt engagieren. Auf diese Weise wird ihr Leben unfruchtbar. Sie klagen lieber über ihr ungelebtes Leben, anstatt den Mut aufzubringen, auszubrechen und sich in die Weite des Lebens zu wagen.

Im Gefängnis der Gestapo hat der Jesuit Alfred Delp angesichts der drohenden Hinrichtung durch die Nazis auf einen Zettel geschrieben: „Der Freiheit wird der Mensch nur teilhaft, wenn er seine eigenen Grenzen überschreitet." In der Enge des Gefängnisses hat Delp eine innere Freiheit erfahren, die ihm niemand nehmen konnte, selbst durch den Tod nicht. In den ersten Nächten im Gefängnis hatte Delp sich selbst fast aufgegeben, so unerträglich waren die Schmerzen der Folter. Doch nach einigen Tagen der Haft hat er die Grenzen seiner eigenen Angst vor den Schmerzen überschritten. Und so erlangte er eine Freiheit, die selbst seine Schergen beeindruckte. In der größten äußeren Enge hat er sich in die Weite Gottes gestellt. Was er erfahren hat, das gibt er – geschrieben mit gefesselten Händen – an seine Freunde in der Freiheit weiter mit den Worten: „Man muss die Segel in den unendlichen Wind stellen, dann erst werden wir spüren, welcher Fahrt wir fähig sind."

15. Er verschafft deinen Grenzen Frieden

Von Voraussetzungen für ein gedeihliches Miteinander

Eine Verheißung

Es gibt ein chinesisches Märchen, das eigentlich eine Verheißung und einen Traum vom Frieden illustriert: „Als der Krieg zwischen den beiden benachbarten Völkern unvermeidlich war, schickten die feindlichen Feldherrn Späher aus, um zu erkunden, wo man am leichtesten in das Nachbarland einfallen könnte. Und die Kundschafter kehrten zurück und berichteten ungefähr mit den gleichen Worten ihren Vorgesetzten, es gäbe nur eine Stelle an der Grenze, um in das andere Land einzubrechen. Dort aber, sagten sie, wohnt ein braver, kleiner Bauer in einem kleinen Haus mit seiner anmutigen Frau. Sie haben einander lieb, und es heißt, sie seien die glücklichsten Menschen auf der Welt. Sie haben ein Kind. Wenn wir nun über das kleine Grundstück in Feindesland einmarschieren, dann würden wir das Glück zerstören. Also kann es keinen Krieg geben. Das sahen die Feldherren denn auch wohl oder übel ein, und der Krieg unterblieb, wie jeder Mensch begreifen wird."

Weil an der Grenze ein glückliches und frommes Paar mit seinem Kind lebt, deshalb darf die Grenze nicht verletzt werden: Das ist ein schönes Bild für den Frieden, den Gott unseren Grenzen verheißt. Es erscheint uns zu unrealistisch. Denn die Tyrannen dieser Welt und die Mächtigen in der Wirtschaft werden sich wohl kaum um das Glück eines Bauern und seiner Frau kümmern. Ihnen gehen die eigenen Interessen vor. Und doch besitzen die Mächtigen ein Gespür dafür, dass man Glück nicht einfach zerstören darf. An jeder Grenze dieser Welt wohnen Menschen, die nichts anderes wollen als friedlich miteinander leben, als zufrieden und glücklich werden. Und jede Grenzverletzung zerstört das Glück von Menschen. Wenn sich die Mächtigen vom Glück kleiner Leute berühren lassen, dann wird wahr, was Gott uns verheißen hat: Dass er unseren Grenzen Frieden verschafft.

In der Bibel finden wir wunderbare Bilder von diesem Frieden, den Gott den Grenzen der Menschen nicht nur verheißt, sondern schenkt. Beim Psalmensingen berühren mich immer wieder die Verse aus Psalm 147: „Jerusalem, preise den Herrn, lobsinge, Zion, deinem Gott! Denn er hat die Riegel deiner Tore festgemacht, die Kinder in deiner Mitte gesegnet; er verschafft deinen Grenzen Frieden und sättigt dich mit bestem Weizen." (Ps 147,12–14) Vorgestellt wird das Bild einer friedlichen Stadt mit sicheren Toren, die das Eindringen der Feinde verhindern. Innerhalb der Grenzen dieser Stadt fühlen sich die Menschen gesegnet und geschützt. Sie haben Anteil an der Fülle des Lebens, das Gott ihnen schenkt. Und sie dürfen dankbar den Weizen genießen, mit dem Gott sie sättigt.

Politische und religiöse Grenzziehung

Wir können die Verse aus Psalm 147 politisch und psychologisch auslegen. Politisch gesehen zeigt er, wie wichtig es ist, dass die Völker ihre eigenen Grenzen und die Grenzen der Nachbarvölker anerkennen. Kriege haben immer mit Grenzverletzungen zu tun. Ein Volk möchte seine Grenzen auf Kosten anderer Völker erweitern. Das führt zum Kampf. Wenn die anderen Völker stärker geworden sind, werden sie zurückschlagen und ihre Grenzen weit in das eigene Gebiet hinein ausdehnen.

Der Frieden verlangt klare Grenzen und die gegenseitige Anerkennung dieser Grenzen. Nicht umsonst waren den Menschen der Antike Grenzen heilig.

Für die Israeliten waren nicht nur die politischen Grenzen wichtig, sondern auch die religiöse Grenzziehung, die sie vor allem in der Fremde vollzogen. Juden waren zur Zeit Jesu in der ganzen Welt verstreut. Doch sie grenzten sich klar ab von den Gewohnheiten der Menschen in ihrer Umgebung. Sie hielten sich an ihre Gesetze, an ihre Speisevorschriften und an die Beschneidung. Die Errichtung der religiösen Grenzen half den Juden, die Gruppenzugehörigkeit zu stärken und die eigene Identität in der Fremde beizubehalten. Heute sind wir in Gefahr, die religiöse Identität immer mehr aufzugeben. Wir passen uns den gesellschaftlichen Verhältnissen an und trauen uns nicht, uns in gesunder Weise abzugrenzen. Abgrenzen heißt nicht abschotten. Wer ein Getto erzeugt, der kann die Aggression gegen die Menschen in seiner Umgebung schüren. Doch wer die Grenzen auflöst, der verliert an Kraft und Klarheit. Er wird bald nicht mehr wissen, wer er eigentlich ist und aus welcher Wurzel er lebt.

Partnerschaft – Grenzen nach innen und außen

Was im politischen Bereich gilt, das ist auch für die persönlichen Beziehungen wichtig. Sowohl in der Ehe als auch in der Gemeinschaft und bei der Arbeit muss ich meine eigenen Grenzen beachten und die des anderen respektieren. Ich habe schon darauf hingewiesen: Viele Ehen gehen daran zugrunde, dass einer ständig die Grenzen des anderen überschreitet, alles vom anderen wissen will, ihn ständig kontrolliert und immer wieder in ihn eindringt. Gerade das Gelingen einer engen Beziehung hängt vom guten Umgang mit den eigenen und den Grenzen des anderen ab. In der Phase des Verliebtseins gilt dies besonders. Die bereits erwähnte Psychotherapeutin Margrit Erni macht auf die Gefahr aufmerksam: „Die Faszination der ersten Liebe will Grenzen nicht wahrhaben, sie hält Unmögliches für erreichbar, fordert, überfordert und zerbricht.“ Man meint, alle Unterschiede überspringen zu können. Doch dann merkt man schnell, dass man nicht nur den Partner oder die Partnerin geheiratet hat, sondern die ganze Familie und ihr soziales und kulturelles Umfeld. Man meint, den Altersunterschied nicht beachten zu müssen. Doch nach einigen Jahren erfährt man schmerzlich, wie alt oder jung der Partner ist und wie weit man innerlich voneinander entfernt ist, gerade weil man die Unterschiede nicht wahrhaben wollte.

In der Ehe erfahren beide Partner, dass sie schicksalsgegebene Grenzen in sich tragen. Jeder hat durch seine Erziehung etwas mitbekommen, was er nicht einfach ablegen kann. Im Miteinander erkennt man, dass die Reaktion auf das Verhalten des anderen von den eigenen Vater- und Muttererfahrungen bestimmt ist. Es ist ein schmerzlicher Erkenntnisprozess, dies wahrzunehmen. Und nur, wer sich dieser Prägungen bewusst wird, kann sich mit ihnen aussöhnen und sie auf diese Weise langsam überschreiten. Jürg Willi, der sich als Therapeut intensiv mit dem Gelingen der Zweierbeziehung auseinandergesetzt hat, meint, die Ehe gelinge nur, wenn die Ehepartner Grenzen nach innen und nach außen ziehen. Nach außen müssen sich die Eheleute erst einmal gegenüber ihren Ursprungsfamilien abgrenzen: „Der Partner erhält eindeutig Vorsprung vor Eltern und Geschwistern. Neurotisierte Familien hingegen versuchen oft mit verschiedenen Abwehrmanövern, den Sohn oder die Tochter weiter an sich zu binden, sie nicht freizugeben.“ Die neu gegründete Familie muss sich den eigenen Schutzraum schaffen, innerhalb dessen sie einen Frieden erfahren kann, wie er in der

Sprache der Bibel den Grenzen verheißen ist. Wenn die Familie gut zusammengewachsen ist, wird sie das eigene Haus auch anderen gerne öffnen. Auch gegenüber den Kindern müssen sich die Eltern gut abgrenzen. Sie dürfen nicht jede Spannung den Kindern zeigen. Schädlich ist es, wenn der Vater oder die Mutter in Partnerschaftskonflikten die Grenze zum Kind überschreitet und das Kind für sich als Ratgeber oder Verbündeten benutzt, dem man alles über den schwierigen Ehepartner erzählt. Diese Grenzüberschreitung überfordert das Kind und kann sich verhängnisvoll bei ihm auswirken.

Genauso wichtig ist in der Partnerschaft aber, so Erni, eine Grenzziehung nach innen. „Der symbiotischen Beziehung fehlt eine gesunde, innere Abgrenzung; man möchte ganz eins sein, sich an den anderen verlieren, in ihm aufgehen. Dieses romantische Ideal der Harmonie bedarf nach außen eines besonders starken Schutzwalls: Die eigene Idylle, die als einmalig erlebt wird, darf durch keine fremden Einflüsse gestört werden." Zuviel Nähe und ständiges Einssein hindern den einzelnen daran, ganz er selbst zu sein. Man kann nicht mit dem anderen eins sein, ohne dabei seine Identität zu verleugnen. Hans Jellouschek spricht vom Totalanspruch an den anderen. Im Verliebtsein hat man den Eindruck, man würde sich genügen. Man bräuchte keine anderen Freunde. Man sei nun wunschlos glücklich. Doch dieser Zustand kann nicht festgehalten werden, ohne dass die Ehe Schaden erleidet. Jellouschek vermutet, der Grund für diesen Totalanspruch auf den Ehepartner sei das Ausdünnen des zwischenmenschlichen Klimas im Beruf und in der Gesellschaft auf reine Sachbeziehungen, „die den Menschen hungrig und durstig nach Wärme und Geborgenheit zurücklassen. Das hat natürlich Folgen für das Zusammenleben des Paares. Das Bedürfnis nach echter Beziehung richtet sich auf den einen, einzigen Partner. Von ihm wird erwartet, dass er das Loch, das tagsüber entstanden ist, am Abend, wenn man sich wieder trifft, nun endlich auffüllt."

Vorraussetzungen guter Zusammenarbeit

In Unternehmen gibt es häufig Probleme, wenn Bereichsleiter ihre Grenzen überspringen und sich ständig in die Bereiche anderer einmischen. Statt sich um die eigenen Probleme zu kümmern, wühlen sie in den Schwierigkeiten der anderen. Ein guter Arbeitsprozess verlangt aber, dass die Grenzen eingehalten werden. Wenn mir ständig jemand in meinen Bereich hineinredet oder gar Aufgaben erledigt, die in mein Ressort fallen, ärgert es mich. Es gibt unnötig Sand im Getriebe. Es braucht eine klare Abgrenzung, damit alle gerne und gut arbeiten. Gelingende Zusammenarbeit setzt gute Abstimmung voraus. Und das verlangt ein Öffnen der eigenen Grenzen gegenüber den anderen Firmenbereichen. Es gibt auch Firmen, in denen jede Abteilung ein eigenes Reich aufbaut, das sie den anderen gegenüber abschottet. Solch enge Grenzen werden häufig aus Angst und aus einem übertriebenen Machtbedürfnis gezogen. Mit solchen Menschen kann man kaum zusammenarbeiten. Sie sind nur am eigenen Reich interessiert. Beides ist wichtig, eine klare Grenzziehung und eine gute Durchlässigkeit der Grenzen. Hierin liegt die Voraussetzung für ein friedliches und gedeihliches Zusammenarbeiten.

16. Ihre Grenze bedachte sie nicht

Von Mitteln gegen Erschöpfung und Ausbrennen

Risiken der Selbstüberschätzung

Unrealistische Selbstüberschätzung birgt immer Risiken. Wille zur Macht kann blind machen – und gerade dadurch gefährlich werden. Im Buch der Klagelieder drückt ein frommer Israelit seinen Schmerz aus über den Untergang der Stadt Jerusalems im Jahre 586 vor Christus. Er beschreibt, wie die Stadt schwer gesündigt hatte und daher zum Abscheu für alle Menschen geworden ist. Ein Grund ihres Fehlverhaltens war: „Ihre Grenze bedachte sie nicht. Entsetzlich ist sie gesunken, keinen hat sie als Tröster." (Klg 1,9) Weil sie ihre eigene Grenze nicht beachtet hat, ist sie in den Staub gesunken. Israel hatte seine eigene Kraft überschätzt. Es hat mit fremden Mächten taktiert und gemeint, es könne auf diese Weise seine Macht erhalten. Doch die Könige waren blind für die weltpolitischen Zusammenhänge. Sie schlossen die Augen vor der eigenen Bedeutungslosigkeit und Begrenztheit. Das hat zum Untergang der Stadt und zur babylonischen Gefangenschaft geführt. Nun ist Jerusalem nicht nur entsetzlich gesunken. Die Stadt hat auch keinen Tröster. Die Menschen um sie herum haben das Gefühl, sie sei selbst an ihrem Untergang schuld.

Was hier historisch und in Bezug auf die Stadt Jerusalem beschrieben wird, gilt für uns noch heute. Es gilt für Gesellschaften, aber auch für Individuen. Menschen, die ihre eigene Grenze nicht beachten, übernehmen sich. Sie bauen sich einen Turm, zu dem sie nicht die Mittel haben. Schon Jesus hat davor gewarnt, sein Lebenshaus größer zu beginnen, als es der eigenen Psyche entspricht: „Wenn einer von euch einen Turm bauen will, setzt er sich dann nicht zuerst hin und rechnet, ob seine Mittel für das ganze Vorhaben ausreichen? Sonst könnte es geschehen, dass er das Fundament gelegt hat, dann aber den Bau nicht fertigstellen kann. Und alle, die es sehen, würden ihn verspotten und sagen: Der da hat einen Bau begonnen und konnte ihn nicht zu Ende führen." (Lk 14,28–30) Wer seine eigene Begrenztheit nicht annimmt, wird Spott und Schadenfreude ernten, sobald die Menschen seine Selbstüberschätzung wahrnehmen. Es gibt dann Bemerkungen wie: „Der hat schon immer seine Nase zu hoch getragen. Der glaubt immer, alles besser zu wissen." Menschen, die sich ein zu hohes Bild von sich selbst machen, beginnen, sich ein Lebenshaus zu errichten, für das die Mittel ihrer Intelligenz, ihrer Willenskraft und ihrer psychischen Möglichkeiten nicht ausreichen. Ein Fall, der gar nicht so selten vorkommt: Da steigt jemand auf der Karriereleiter höher, als es seiner Fähigkeit entspricht. Er wird nicht zugeben, dass er mit der Aufgabe überfordert ist, sondern sich nach außen hin selbstbewusst aufspielen. Er verbraucht seine Energie, um die Fassade eines selbstsicheren Menschen aufrechtzuerhalten. Doch hinter der Fassade ist ein kleines, ängstliches Ich. Weil dieses kleine Ich sich nicht blamieren möchte, hält es an der Fassade fest. Irgendwann bricht das Kartenhaus zusammen. Der nach außen hin so Selbstsichere erfährt dann kein Mitleid, sondern erntet nur noch Spott. Für ihn gilt, was das Klagelied sagt: „Er findet keinen Tröster."

Realistische Selbsteinschätzung

Damit mein Leben gelingt, muss ich mich in meiner Begrenztheit erkennen, annehmen und lieben. Mein geistiges und seelisches Potential ist nun einmal beschränkt. Ich kann und soll zwar versuchen, diese Grenzen zu erweitern, aber das geht nicht beliebig. Mein Körper hat Grenzen. Es gibt körperliche oder seelische Grenzwerte, die, wie Erni sagt, „bei Missachtung zur Selbstzerstörung führen". Wenn ich mich ständig überfordere, dann werde ich irgendwann eine Grenze überschreiten, die zur Krankheit führt.

Ein Grund, sich zu überfordern, ist das ständige Sich-Vergleichen mit anderen. Ich habe kein Gespür für meine Grenzen, weil ich von mir fordere, genauso viel zu arbeiten wie der Nachbar oder genauso viel Geld zu verdienen wie ein Bekannter. Wer jahrelang auf diese Weise und aufgrund einer solchen Motivation über seine Verhältnisse lebt, der schadet sich selbst. Seine Seele und sein Leib werden rebellieren und ihn auf diese Weise zwingen, innezuhalten.

Psychologen kennen das Phänomen des psychischen Dekompensierens: Menschen haben ihre emotionale und psychische Grenze nicht bedacht. Sie haben andere zu nahe an sich herankommen lassen. Oder aber sie haben die äußere Belastung nicht wahrgenommen. Sie haben immer weiter gearbeitet, ohne auf ihre psychische Grenze zu achten. So sind sie unfähig geworden, sich in ihrer Begrenztheit überhaupt noch wahrzunehmen. Sie wundern sich, dass der Körper auf einmal heftig reagiert, und weigern sich, die Signale des Körpers ernst zu nehmen. Aber auf einmal können sie nicht mehr schlafen. Sie sind nicht mehr fähig abzuschalten. Sie haben den Eindruck, die ganze Welt stehe still oder gehe bald unter. Sie können ihre Psyche nicht mehr steuern. Maßlosigkeit macht krank. Realismus im Blick auf die eigenen Möglichkeiten kann solche Krankheiten verhindern.

Das Burnout-Syndrom: Zwei Gegenmittel

Heute spricht man vom „Burnout-Syndrom". Es ist besonders häufig zu beobachten bei Menschen in sozialen Berufen: bei Lehrern, Seelsorgern, Ärzten bzw. im Pflegeberuf Tätigen oder bei Psychologen. Nur wer brennt, kann ausbrennen. Sozial tätige Menschen haben oft ein hohes Ideal. Sie möchten ganz für andere da sein. Doch ihr Ideal macht sie nicht selten blind für ihre eigenen Bedürfnisse. Sie geben ständig, aber empfangen kaum etwas. Am Anfang ihrer Tätigkeit macht es ihnen Spaß, sich für andere hinzugeben. Wenn ihr Einsatz aber nicht entsprechend honoriert oder gar ausgenutzt wird, dann reagieren sie mit Bitterkeit, Zynismus und Ironie. Weil sie auf sich zu wenig geachtet haben, werden sie auf einmal hart, nicht nur zu sich selbst, sondern auch zu denen, denen sie eigentlich helfen möchten. Ihr Idealismus ist verflogen. Zurück bleibt Enttäuschung und das Gefühl, ausgenutzt worden zu sein.

Es gibt zwei Gegenmittel gegen dieses „Ausbrennen". Das erste Mittel bezieht sich auf äußere Faktoren. Ich muss mein Maß erkennen, innerhalb dessen ich geben kann. Ich muss die Signale meines Körpers spüren, wenn es mir zuviel wird und ich mich im buchstäblichen Sinn „verausgabe": Ich brauche die Fähigkeit, mich abzugrenzen. Ich muss lernen, mir freie Zeiten zu reservieren, die für mich heilig sind. Und ich muss das Maß meiner Arbeit beschränken. Ich muss wissen, wie viel ich mir zumuten darf. Dabei darf ich durchaus auch einmal über meine Grenze gehen. Denn wo meine Grenze liegt, erkenne ich erst, wenn ich sie überschritten habe. Aber ich darf nicht lange Zeit über meine Verhältnisse leben und meine Grenze ständig verletzen.

Das zweite Mittel bezieht sich auf die innere Einstellung. Wer anderen gibt, weil er selbst Zuwendung braucht, der ist schnell verausgabt. Immer wenn wir erschöpft sind, ist es ein Zeichen dafür, dass wir nicht aus der inneren Kraft leben, sondern aus trüben Quellen schöpfen. In jedem von uns sprudelt eine Quelle des Heiligen Geistes, die uns erfrischt und immer wieder neue Energie verleiht. Oft aber schöpfen wir etwa aus der Quelle des Perfektionismus oder des Ehrgeizes, aus der Quelle der eigenen Bedürftigkeit oder aus der Quelle kranker Lebensmuster. Wenn ich nur gebe, damit ich endlich gesehen werde, werde ich das Gespür für meine Grenze verlieren. Und weil ich meine Grenze nicht bedenke, verausgabe ich mich nur. Aus der Erzählung einer Frau wird dies deutlich. Sie hatte das ganze Haus geputzt und schön geschmückt. Ihr Mann sollte endlich einmal wahrnehmen, welch guten Geschmack sie habe, und wie gut sie für ihn und die Familie sorge. Als der Mann jedoch von der Arbeit heimkam, nahm er nichts wahr. Sie war maßlos enttäuscht. Hatte sie sich nicht vor allem für ihn verausgabt, um endlich gesehen zu werden und Anerkennung zu finden. Was immer man von der Unachtsamkeit dieses Ehemannes halten mag, auch für diese Frau gilt: Wenn ich gebe, weil ich selber Zuwendung brauche, verliere ich das Gespür für mich selbst und für meine Grenze. Wenn ich mit mir nicht in Berührung bin, habe ich auch kein Augenmaß für meine Grenzen.

Innere Gelassenheit als Ziel

Viele beachten jahrelang ihre Grenze nicht. Irgendwann rebelliert dann der Körper und wird krank, oder die Seele lehnt sich gegen die ständige Überforderung auf. Sie reagiert mit einer psychischen Erkrankung, mit Depressionen, im Extremfall sogar mit psychotischen Schüben. Oder aber ein solcher Mensch wird aggressiv. Statt sich für die anderen zu verausgaben, kämpft er gegen sie. Seine Seele gibt es auf, sich noch um die anderen zu sorgen, sie wird nur noch egoistisch und kreist um die eigenen Bedürfnisse. Es wäre gerade in solchen Situationen wichtig, das richtige Maß für sich zu entdecken. Dieses Maß findet nur, wer mit sich in Berührung kommt.

Ein Weg, mit sich in Berührung zu kommen, ist das Gebet und die Meditation. In der Meditation führt mich der eigene Atem zur inneren Quelle, zur Quelle des Heiligen Geistes. Wenn ich aus dieser Quelle schöpfe, dann sprudelt es aus mir heraus. Wenn ich Lust an der Arbeit habe, werde ich auch nicht so leicht erschöpft. Ich spüre vielleicht Müdigkeit, doch es ist eine gute Müdigkeit. Ich habe das Gefühl, etwas geleistet zu haben. Erschöpft und ausgebrannt zu sein ist etwas anderes: Denn dann habe ich in mir ein Gefühl von Leere und Unzufriedenheit. Diese Müdigkeit lähmt mich. Trotz Erschöpfung kann ich nicht schlafen.

Deshalb ist es so wichtig, auf meine Seele und meinen Leib zu hören: Empfinde ich Unzufriedenheit, Erschöpfung, Ausgebranntsein, Härte und Bitterkeit? Solche Gefühle sind aufschlussreiche Symptome und immer ein Zeichen dafür, dass ich aus einer trüben Quelle schöpfe.

Um mein Maß und die mir angemessene Grenze zu finden, muss ich also sowohl innere als auch äußere Aspekte beachten. Sich an äußere Grenzen zu halten genügt nicht, wenn die innere Einstellung gegen mich selbst rebelliert. Wenn ich aus einer trüben Quelle schöpfe, dann kann ich mir enge Grenzen setzen und finde doch nicht meinen inneren Frieden. Ich fühle mich trotzdem erschöpft und überfordert. Es braucht die innere Gelassenheit. Der hl. Benedikt fordert vom Cellerar, dass er mit Gleichmut – „aequo animo“ – seine Arbeit verrichte. Um zu diesem inneren Gleichgewicht zu kommen, braucht es die Beziehung zu meiner inneren Quelle. Wenn mein Arbeiten aus dieser Quelle strömt, dann werde ich meine Grenzen nicht missachten. Aber ich muss auch nicht ängstlich meine Grenzen festlegen. Das innere Gleichgewicht zeigt mir an, dass ich innerhalb meiner Grenzen wirke. Sobald andere Gefühle in mir hochkommen wie Härte, Unzufriedenheit oder das Gefühl, ausgenutzt zu werden, werde ich erkennen, dass ich nicht mehr im Einklang mit meinen inneren und äußeren Grenzen bin. Dann ist es Zeit, bewusst gegenzusteuern.

17. Die Weisungen übertreten

Vom Doppelgesicht der Gebotsverletzung

Vom Zaun der Gesetze

Gebote und Verbote gehören zum Leben. Und es gehört zur Lebenserfahrung, dass sie immer wieder übertreten bzw. nicht beachtet werden. Der Prophet Jesaja stellt resigniert und zugleich anklagend fest: „Die Erde ist entweiht durch ihre Bewohner; denn sie haben die Weisungen übertreten." (Jes 24,5) Die Geschichte der Menschheit zeigt, dass die Menschen auch Gottes Weisungen immer wieder übertreten. Schon im Paradies hatte Gott Adam und Eva verboten, vom Baum zu essen, der in der Mitte des Gartens stand. Adam und Eva haben sich nicht daran gehalten. Ein Gebot zu übertreten ist wie über eine Grenze zu gehen. Kein Mensch vermag zu leben, ohne einmal über die Grenze von Geboten gegangen zu sein. Der Mensch braucht offensichtlich Gesetze und Weisungen. Sie sind wie ein Zaun, der zwar sein Leben eingrenzt, ihm so aber Sicherheit verschafft. Doch zugleich erlebt der Mensch den „Zaun der Gesetze" manchmal als zu eng. Er möchte ihn übersteigen. Oft ist es die Neugier, die ihn dazu treibt, einmal über den Zaun zu klettern und zu sehen, was ihn jenseits erwartet.

Die Lehre des „Marienkinds"

Dieses Motiv wird auch in vielen Märchen immer wieder beschrieben, etwa im Märchen vom Marienkind: Ein armer Holzhacker vermag sein Kind nicht mehr zu ernähren. So übergibt er die Tochter Maria, der himmlischen Mutter. Sie nimmt das Kind mit ins Paradies und verwöhnt es dort. Es geht ihm in der Nähe der gütigen Mutter gut. Als es vierzehn Jahre alt ist, geht Maria auf Reisen. Daher übergibt sie dem Mädchen die Schlüssel zu den dreizehn Türen des Himmelreichs. Zwölf Türen darf sie öffnen. Doch die 13. Türe darf sie auf keinen Fall aufschließen. Das Mädchen schließt die zwölf Türen auf. Hinter jeder Tür sitzt ein Apostel, der von großem Glanz umgeben ist. Aber das Mädchen hat keine Ruhe, bis es auch die 13. Türe aufschließt. Die Engel warnen sie davor. Doch sie kann der Neugier nicht widerstehen. Hinter dieser Tür sieht sie die Dreieinigkeit im Feuer und Glanz sitzen. Sie betrachtet alles staunend und berührt mit ihrem Finger den Glanz. Da wird der Finger golden. Jetzt bekommt es das Mädchen mit der Angst zu tun, ihr Herz droht zu zerspringen. Als Maria von der Reise zurückkommt, fordert sie die dreizehn Schlüssel zurück. Da sieht sie, dass der Finger golden ist. Dreimal fragt Maria das Mädchen, ob es die dreizehnte Tür geöffnet habe. Doch jedes Mal verneint das Mädchen. So wird es aus dem Himmel verstoßen. Es lebt zuerst in der Wildnis. Ein Königssohn findet die nun zur jungen Frau Herangewachsene und heiratet sie. Sie kann aber nicht sprechen. Dreimal gebiert sie ein Kind. Jedesmal kommt die Jungfrau Maria und fragt sie, ob sie die verbotene Tür geöffnet hätte. Jedesmal leugnet sie es wieder. Daraufhin nimmt Maria ihr das Kind weg und trägt es zu sich in den Himmel. Die Leute in der Umgebung des Königs halten die Königin für eine Hexe, die ihre eigenen Kinder verschlingt und verurteilen sie zum Tod auf dem Scheiterhaufen. Als das Feuer schon zu brennen beginnt, schreit sie laut auf: „Ja, ich habe es getan." Sofort öffnet sich der Himmel und Maria kommt ihr entgegen, löscht das Feuer und bringt ihr die drei Kinder zurück.

Offensichtlich muss das Mädchen die dreizehnte Tür öffnen. Die Tochter muss das Gebot der Mutter übertreten. Sie muss ihre eigenen Erfahrungen sammeln. Das führt sie zwar in die

Fremde. Aber gerade hier findet sie zu sich selbst. Zunächst wird ihr Leben zu einer einzigen Lüge, und sie gerät in immer größere Bedrängnis, bis sie schließlich ihre Lebenslüge ausspricht. Eugen Drewermann deutet das Märchen als Entwicklung einer jungen Frau, die zuerst ganz im Bannkreis der Mutter lebt. Sie muss sich aus diesem Bannkreis befreien und ihre Sexualität erkunden. Sie muss ihrer Sehnsucht nach dem Geheimnis der Liebe, die den Himmel öffnet, nachgehen. Die Grenzüberschreitung konfrontiert sie zunächst mit sich selbst und führt sie in tiefes Leid. Sie ist in der Einöde zunächst von einer Dornenhecke umgeben. Sie sehnt sich nach Liebe. Aber niemand kann die Grenze überschreiten, die sie um sich herum aufgebaut hat. Als schließlich ein Königssohn die Dornenhecke mit seinem Schwert durchtrennt, die schöne junge Frau findet und in Liebe zu ihr entbrennt, da vermag sie nicht zu sprechen. Sie ist stumm geworden, unfähig, über das zu reden, was sie als Übertretung der verinnerlichten Elterngebote erlebt hat. Offensichtlich muss sie diesen Weg gehen, damit ihr Leben gelingt.

In der Entwicklung jedes Sohnes und jeder Tochter braucht es den Übertritt der Gebote der Eltern, damit Kinder eigene Erfahrungen sammeln. Die Überschreitung der elterlichen Gebote birgt auch viele Gefahren. Eine Gefahr, die auch das Märchen beschreibt, ist die Lebenslüge: Auf der einen Seite möchte man weiterhin ein liebes Kind sein. Auf der anderen Seite spürt man, dass man längst aus dem Bannkreis der Mutter ausgebrochen ist. Aber man traut sich gegenüber der Mutter oder dem Vater die eigene Lebensauffassung nicht zu vertreten. Man hat Angst, sie zu verletzen oder von ihnen verstoßen zu werden. Erst im allerletzten Augenblick, in der größten Gefahr, ist das Marienkind fähig, ihre Lebenslüge aufzugeben und zu ihrer Tat zu stehen. Und sie spürt, dass jetzt ihr Leben erst neu beginnt. Die Mutter ist gar nicht so streng, wie sie es in ihrer Vorstellung gedacht hat.

Sie möchte nur, dass sie zu ihrem Handeln steht. Die Wahrheit macht sie frei. Offensichtlich ist die Lehre dieses Märchens: Es ist nicht so schlimm, ein Gebot zu übertreten. Schlimmer ist es, nicht an die Vergebung zu glauben und sein Leben lang in einer existentiellen Lüge zu leben.

Ritter Blaubart

Ein ähnliches Motiv wie im „Marienkind" finden wir auch im Märchen vom Ritter Blaubart: Ein Müller hat drei schöne Töchter. Ein scheinbar edler Herr schenkt ihnen drei wunderbare Halstücher. Kurz darauf erscheint er in der Mühle und bittet um eine Tochter als Frau. Die älteste Tochter willigt ein. Sie lebt nun in einem reichen Schloss. Doch in Wirklichkeit ist ihr Mann ein Raubritter. Er zeigt ihr das Schloss. In alle Räume darf sie hinein. Nur der mit der Eisentür ist ihr streng verboten. Als der Ritter mit seinen Genossen auf Raubzug geht, übergibt er seiner Frau die Schlüssel des ganzen Schlosses, auch den Schlüssel zur Eisentür. Und er gibt ihr ein farbiges Ei, auf das sie gut aufpassen und das sie immer bei sich tragen soll. Es kommt wie es kommen muss, die Frau schließt nach der Abreise ihres Mannes die Eisentür auf. Sie erschrickt, als sie darin lauter Leichen sieht. Das Ei fällt ihr zu Boden, in eine Blutlache. Als sie das Ei reinigen will, gelingt ihr das nicht. Zuhause ankommend sieht der Ritter nach Hause sofort, dass sie die Eisentür geöffnet hat und lässt sie von zwei Männern enthaupten. Genauso geht es der zweiten Tochter. Die dritte ist schlauer. Sie bewahrt das Ei unter der Bettdecke auf. Und sie steckt die Köpfe ihrer beiden Schwestern in einen Koffer. Als ihr Mann zurückkehrt, zeigt sie ihm das unversehrte Ei. Sie bittet ihn, mit ihr nach Hause zu ihren Eltern zu fahren. Sie nimmt den Koffer mit den Köpfen ihrer Schwestern mit. Daheim lässt sie ein großes Mahl feiern. Als letzte Speise trägt sie die Köpfe der Schwestern auf. Da erschrickt ihr Mann und will fliehen. Doch er wird von den bewaffneten Männern, die draußen wachen, gefangen genommen und dem Gericht ausgeliefert. Die Räubergesellen kommen nachts zur Mühle, um sie zu überfallen. Aber eine couragierte Magd schlägt allen, einem nach dem anderen, den Kopf ab.

In diesem Märchen muss die Frau das Gebot ihres Mannes übertreten, um innerlich frei zu werden und aus seiner Tyrannei auszubrechen. Seine gewaltsame Seite muss offenbar gemacht werden, damit sie sich davon befreien kann. Der dritten Schwester kommt ein Traum zu Hilfe und sie traut ihrer Kraft und Klugheit. Damit überwindet sie das Gefängnis, in das sie ihr Mann gesteckt hatte. Hätte sie das Verbot nicht übertreten, würde sie ihr Leben lang von ihrem Mann in dessen Lebenskonzept eingesperrt.

In der Geschichte vom Ritter Blaubart steckt eine existentielle Einsicht, auf die im anderen Zusammenhang Peter Schellenbaum hingewiesen hat. Er sagt, dass viele Ehepartner Angst davor haben, sich dem Einflussbereich des geliebten Menschen zu entziehen, weil sie Angst vor der Einsamkeit haben. Die Angst, so legt er dar, drückt sich in Überlegungen aus wie: „Wenn ich mich deiner Macht über mich entziehe, wenn ich deinen magischen Bann über mich rebellisch breche, wenn ich mich nicht mehr wie deine Marionette bewege, dann interessierst du dich nicht mehr für mich und liebst mich nicht mehr.“ Für Peter Schellenbaum ist es notwendig, das Nein in der Liebe zu lernen, damit die Beziehung nicht langweilig wird, oder damit nicht – was in einer symbiotischen Beziehung die Gefahr ist – Hass und Ressentiments gegen den anderen wachsen. Nur wenn beide Partner die gegenseitige Fremdheit akzeptieren, werden sie fähig, einander zu lieben. Wenn sie nur zusammenhängen, dann sammelt sich die unterdrückte Gewalt und macht irgendwann das Miteinander unmöglich. Es braucht, so Schellenbaum, das Übertreten der Erwartungen des anderen, auch wenn der andere das nicht versteht, auch wenn ich ihm damit Fremdheit zumute: „Das Bewusstsein der Fremdheit schafft die seelische Voraussetzung zur Liebe. Dies ist der Grund, warum die Liebe in vielen Ehen so schnell erstickt: weil ihr der Sauerstoff der Freiheit, Autonomie, Ungewissheit und Einsamkeit ausgeht."

Das Ziel verfehlen – das Ziel finden

Die Bibel spricht vom Überschreiten und Übertreten von Geboten. Im Lateinischen steht hier: „transgredior". Das bedeutet: Ich gehe über die Grenze hinaus. Ich überspringe eine Grenze. Das gleiche Wort kann für folgenden Psalmvers genommen werden: „Mit dir überspringe ich Mauern." (Ps 18,30) Der Psalmist drückt darin sein Vertrauen aus, dass Gott ihm hilft, über die feindlichen Mauern zu springen und so den Sieg über die Feinde davonzutragen. Gebote zu überspringen kann manchmal befreiend sein. Es kann aber auch in eine Sackgasse führen, aus der ich nicht mehr herauskomme. Ich kann mich auf Dauer nicht im verbotenen Raum aufhalten. Das wäre – um in der Bildsprache der Märchen zu bleiben – für das Marienkind und für die Frau des Ritters Blaubart tödlich. Doch offensichtlich braucht der Mensch die Freiheit, über die Grenze der Gebote zu schauen und auch zu treten, um dann aus der eigenen Erfahrung heraus zu spüren, was für ihn eine angemessene Grenze ist. Die ernsthafte Frage ist ja: Entspricht die Grenze, die ich als Gottes Gebot verstehe, wirklich dem Willen Gottes oder ist sie eher Ausdruck meiner engen Erziehung? Ist sie ein Gebot des Über-Ichs oder ein Gebot Gottes? Um das zu erforschen, muss ich manchmal die Grenze überschreiten. Aber entscheidend ist, dass ich über meine Grenzüberschreitungen sprechen und zu ihnen stehen kann. Nur dann werden sie nicht zu einer Lebenslüge, zu einem inneren Verstummen (wie im Märchen vom Marienkind) oder aber in die Ohnmacht (wie im Märchen vom Ritter Blaubart) führen.

C.G. Jung meint, nur ein höchst naiver und unbewusster Mensch könne „sich einbilden, er sei imstande, der Sünde zu entrinnen". Auch wenn Jung, ähnlich wie der hl. Paulus, uns nicht dazu ermuntern will, zu sündigen, so gibt es offensichtlich keine Möglichkeit, der Sünde völlig zu entrinnen. Der Sündenfall, wie ihn die Bibel beschrieben hat, wird von vielen Exegeten auch als ein Weg der Bewusstwerdung verstanden. Der Mensch übertritt zwar das Gebot Gottes, gleichzeitig aber gehen ihm in diesem Augenblick die Augen auf. Er erkennt den Unterschied zwischen Gut und Böse. Er wird erwachsen. Wir können nicht im Paradies des Mutterschoßes bleiben, in dem alles undifferenziert eins ist. Wir sollen uns an die Gebote Gottes halten. Denn sie sind wie ein Wegweiser. Dennoch dürfen wir uns auch nicht immer Selbstvorwürfe machen, wenn wir über die Grenzpfähle der Gebote hinausgeschritten sind. Sündigen heißt im Griechischen „hamartanein = verfehlen". In der Sünde verfehle ich das Ziel. Ich ziele am Richtigen vorbei. Aber das ist offensichtlich notwendig, um das Ziel von neuem zu finden. Sünde als Verfehlung ist ernst zu nehmen. Aber wenn wir die Sünde in diesem Sinne verstehen, wird sie uns nicht ein Leben lang belasten. Vielmehr wird sie aufgehoben von der vergebenden Liebe Gottes, die uns zusagt, dass wir mit allen unseren Versuchen und Irrtümern von Gott angenommen sind und von seiner guten Hand geführt werden, bis wir das Ziel finden.

17. Grenzenloser Friede

Von der großen Sehnsucht und Grabenkämpfen im eigenen Herzen

Eine universale Vorstellung

Frieden ist etwas Universales, Umfassendes. An Weihnachten hören wir die Verheißung des Propheten Jesaja: „Denn uns ist ein Kind geboren, ein Sohn ist uns geschenkt … Seine Herrschaft ist groß, und der Friede hat keine Grenze." (Jes 9,5f) Der Friede, der keine Grenzen kennt, entspricht unserer tiefsten Sehnsucht. Wir sehnen uns nach einem Frieden, der weder an die engen Grenzen unserer persönlichen Psyche gebunden ist, noch an die Grenzen des eigenen Landes. Der Friede soll alle Grenzen überschreiten und für die ganze Welt gelten. Lukas hat uns die Geburt Jesu als das Kommen des wahren Friedensbringers beschrieben. Gegenüber dem Friedenskaiser Augustus, der im römischen Reich den Frieden mit Gewalt durchsetzt, zeigt uns die Bibel ein anderes Konzept von Frieden: Jesus bringt der ganzen Erde Frieden durch die Ohnmacht seiner Liebe. Er verzichtet auf äußere Machtmittel. Er vertraut der Liebe, die in dem hilflosen Kind aufleuchtet und alle Dunkelheit aus dem Stall der Armut vertreibt. Als er geboren wird, singen die Engel: „Verherrlicht ist Gott in der Höhe, und auf Erden ist Friede bei den Menschen seiner Gnade." (Lk 2,14) Dieser Friede ist nicht an die Grenzen Israels oder an die Grenzen des römischen Reiches gebunden. Er gilt allen Menschen, auf denen Gottes Wohlgefallen ruht. Und er ist grenzenlos, weil er göttlich ist.

Große Kämpfer für den Frieden, wie Mahatma Gandhi und Martin Luther King, haben nie nur für den Frieden in ihrem eigenen Land gekämpft. Sie hatten immer die ganze Welt im Blick. Der Friede, den sie erstrebten, galt allen Menschen. Wir müssen heute schmerzlich zusehen, wie Nationen, die den Weltfrieden auf ihre Fahnen geschrieben haben, diesen aber nicht erreichen, weil sie zuerst an sich denken und weil sie meinen, ihn – wie die Römer – mit Waffengewalt durchsetzen zu können. Der Friede, den Jesus meint, sprengt und öffnet Grenzen. Es ist kein Friede, der mit Gewalt erfochten wird, sondern ein Friede, der aus dem Herzen kommt und zu allen Menschen strömt. Der Friede, der von Jesus ausgeht, hat teil an der Grenzenlosigkeit der Liebe. Von der Liebe sagt Paulus: „Die Liebe hört niemals auf." (1 Kor 13,8) Sie überwindet die Grenzen zwischen den Menschen und Völkern. Und sie kennt auch in uns selbst keine Grenze.

Mit sich selbst in Einklang kommen

Die Frage ist, wie wir zu diesem Frieden gelangen, der im eigenen Herzen beginnt und über die Grenzen menschlicher Herzen hinausgreift. Lukas zeigt uns in der Schilderung der Geburt Jesu, wie auch in uns Gottes Friede Wirklichkeit werden kann. So wie Jesus vom Himmel auf die Erde hinabstieg, so müssen auch wir den Thron unserer hohen Ideale verlassen und uns in die Niederungen dieser Welt begeben. Der Friede kann nicht von oben verordnet werden. Er muss hineingebracht werden gerade in die Orte des Unfriedens. Das Land Palästina war damals ein Land des Unfriedens, genauso wie heute. Die Römer hatten das Land besetzt. Das Volk fühlte sich unterdrückt. Untergrundkämpfer übten ständig Sabotageakte aus. In diese Situation hinein wird Jesus geboren. Gott wagt es, in dem Kind in der Krippe hilflos und ohnmächtig zu werden. Er kommt nicht mit göttlicher Macht, sondern in der Ohnmacht der Liebe. Der Friede muss von innen her kommen, nicht mit äußerer Macht. Und der Friede entsteht nur, wenn wir mit uns selbst in Einklang kommen. Mit sich zufrieden wird der, der ganz im Augenblick lebt, der seine Wünsche loslässt und sich auf diesen Augenblick einlässt. Er sagt Ja zu dem, was er ist und was er hat.

Jeder kennt in sich die Sehnsucht nach Frieden. Wenn wir aber ehrlich sind, entdecken wir in uns auch Bereiche, die voller Unfrieden sind, in denen wir uns zerrissen fühlen. Wir müssen den Frieden eindringen lassen in die unbefriedeten Bereiche unserer Seele, in das innere Chaos, in die Grabenkämpfe, die sich in unserem eigenen Herzen abspielen. Wenn der Friede alle Bereiche in uns durchdrungen hat, dann wird er auch die Grenzen überspringen, die wir zwischen uns Menschen errichtet haben: die Grenzen zwischen Arm und Reich, die Grenzen zwischen Juden und Griechen, zwischen Männern und Frauen, zwischen Alten und Jungen, und die Grenzen zwischen den verschiedenen Kulturen und Religionen. Wir haben es nicht mehr nötig, uns gegenüber Andersdenkenden abzugrenzen. Wir wünschen ihnen den Frieden, den wir im Herzen spüren.

Frieden hat eine zutiefst spirituelle Dimension – und eine ebenso psychologische wie gesellschaftliche und politische Reichweite. Lukas beginnt die Geschichte Jesu mit dem Ruf der Engel bei seiner Geburt: „Friede den Menschen auf Erden." Als Jesus kurz vor seinem Tod feierlich in Jerusalem einzieht, da rufen ihm die Leute zu: „Gesegnet sei der König, der kommt im Namen des Herrn. Im Himmel Friede und Herrlichkeit in der Höhe!" (Lk 19,38) In der Geburt Jesu ist Gottes Friede auf die Erde herabgestiegen. In seinem Tod am Kreuz steigt er zum Himmel auf. In seinem Leben hat Jesus den Frieden in alle Bereiche des menschlichen Lebens hineingebracht. Er hat alles mit seinem Frieden durchdrungen. Jesus ist nach Lukas, wie schon einmal hervorgehoben, der göttliche Wanderer, der mit uns wandert und im Wandern alle menschlichen Grenzen überschreitet, die Grenze zwischen Gerechten und Sündern, zwischen Männern und Frauen, zwischen Juden und Heiden. Als göttlicher Wanderer teilt uns Jesus als Gastgeschenk den Frieden mit. In seinem Tod am Kreuz durchdringt dieser Friede auch die tiefste Bedrängnis, die uns widerfahren kann, die Bedrängnis des Todes. Jetzt ist der Friede nicht nur auf Erden, sondern auch im Himmel. Auch in unserem Leben soll der Friede alle Bereiche durchdringen. Dann wird er ein grenzenloser Friede, ein Friede, der bis in den Himmel reicht.

Frieden strahlt aus

Wenn ein Mensch voller Frieden ist, dann spüren es die Menschen in seiner Umgebung. Er strahlt aus, und sein Friede überspringt die Barrieren zwischen den Menschen und Völkern. Er wirkt wie ein Sauerteig, der alles um ihn herum durchdringt und verwandelt. Wir brauchen heute solche Menschen, die nicht nur für ihre Gruppe den Frieden durchsetzen wollen, sondern die so voller Friede sind, dass dieser Friede die Grenzen der Völker und Kulturen überschreitet und allen Menschen seine innere Kraft mitteilt. Gerade in unserer Zeit, in der Gewalt wieder unter religiösen Vorzeichen ausbricht und ein neuer Konflikt der Kulturen und Religionen verhängnisvolle Bedrohungspotentiale in sich birgt, sind solche Menschen überlebensnotwendig für uns alle. Und wir alle sind dazu aufgefordert, diese innere Kraft in uns zu entwickeln. Doch damit wir zu einem solchen grenzenlosen Frieden fähig sind, muss der Friede zuerst die Grenzen in uns selber überschreiten. Er muss in alle Bereiche unserer Seele eindringen, auch in die, die wir gerne abgrenzen und ausschließen, weil sie uns fremd erscheinen. Nur wenn das Fremde in uns befriedet ist, wird von uns ein Friede ausgehen, der auch das Fremde außen und die Fremden in der Umgebung umschließt.

Im Zeitalter der Globalisierung spüren wir, dass es nicht genügt, wenn zwei Nachbarvölker miteinander in Frieden leben. Alle Völker müssen friedlich miteinander leben. Weitblickende Politiker haben heute erkannt, dass sie die Verantwortung für den Frieden in der ganzen Welt tragen. Daher müssen sie sich einmischen, wenn es in fremden Ländern Konflikte gibt, die zu einem Bürgerkrieg führen könnten. Die Sorge für die Stabilität in anderen Regionen ist ein Beitrag zum Weltfrieden, der keine Grenzen mehr kennt. In unserer interdependenten Welt gibt es keine isolierten „Inseln der Seligen". Janne Haaland Matlary, die von 1997 bis 2000 stellvertretende Außenministerin in Norwegen war, steht für mich stellvertretend für Menschen, die das erkannt haben. Sie hat sich als christliche Politikerin unentwegt dafür eingesetzt, dass in den Krisengebieten Gerechtigkeit und Solidarität wiederhergestellt wurden. Das war ihr Beitrag zu einem Frieden ohne Grenzen. Sie ist nicht die einzige, die das tut. Wir finden solche Menschen weltweit. Alle, die Mächtigen und Verantwortlichen, und erst recht christliche Politiker haben heute die Aufgabe, über die Interessen des eigenen Landes hinauszusehen und sich für den Frieden in einer gegenseitig so verflochtenen und voneinander abhängigen Welt zu engagieren. Daran mitwirken können wir freilich alle, jeder an seinem Platz und mit seinen Möglichkeiten.

18. Du hast die Tage meines Lebens begrenzt

Von der wahren Weisheit des Alters

Das innere Werk tun

Unser aller Leben ist begrenzt. Hiob hat erfahren, dass Gott die Tage seines Lebens begrenzt hat (Hiob 10,20), und die Einsicht in die Begrenzung unserer Tage ist für die Bibel ein Zeichen der Weisheit. Wir erleben heute bei alten Menschen, dass einige ihre Altersgrenze nicht wahrhaben wollen. Sie haben nicht selten Großes geleistet. Doch weil sie nicht loslassen können, zerstören sie ihr Lebenswerk. Das gilt für Politiker, die nicht abtreten können, es gilt für Psychotherapeuten und auch für spirituelle Meister, die nicht mehr spüren, wann ihre Zeit um ist. Offensichtlich wollen sie nicht einsehen, dass ihr Alter ihnen auch in ihrem Wirken eine Grenze setzt. Weise Menschen haben sich im Alter zurückgezogen. C.G. Jung schreibt jemandem, der ihn in seinem Alter unbedingt noch besuchen will, in einem Brief: „Einsamkeit ist für mich eine Heilquelle, die mir das Leben lebenswert macht. Das Reden wird mir öfters zur Qual, und ich brauche oft ein mehrtägiges Schweigen, um mich von der Futilität der Wörter zu erholen. Ich bin auf dem Abmarsch begriffen und schaue nur zurück, wenn es nicht anders zu machen ist. Diese Abreise ist an sich schon ein großes Abenteuer, aber keines, über das man ausführlich reden möchte. Was Sie sich denken als einige Tage geistigen Austausches, könnte ich mit niemandem ertragen, nicht einmal mit meinen Allernächsten. Der Rest ist Schweigen! Diese Einsicht wird mit jedem Tage deutlicher, das Mitteilungsbedürfnis schwindet." Jung stand in seinem Alter nicht unter Druck, der ganzen Welt noch seine Weisheit kundzutun. Er hatte vielmehr das Gefühl, sein Werk sei getan. Jetzt bleibt das innere Werk. Und das muss er alleine leisten. Die Worte Jungs erinnern mich an einen alten Mitbruder, der im Sterben lag. Er schickte seine Verwandten, die ihn am Sterbetag besuchten, sehr schnell wieder nach Hause. Er wollte seine Ruhe haben. Er hatte das Gefühl, den letzten Schritt im Schweigen tun zu müssen.

Wer das Gespür für die Grenze verloren hat, die Gott ihm im Alter gesetzt hat, den erfüllt im Alter oft noch ein übertriebenes Sendungsbewusstsein. Er meint, die Welt brauche ausgerechnet sein Wort. Er müsse die Welt noch verändern und mit seiner Weisheit erfüllen. Zeichen von Altersweisheit ist jedoch, sich selbst und seine scheinbare Wichtigkeit loszulassen, zu akzeptieren, dass das Schweigen jetzt mehr bewirkt als die Wiederholung der schon so oft gesagten Sätze. Aus Ehrfurcht vor der Leistung der großen alten Männer traut sich niemand ein kritisches Wort zu sagen.

Loslassen und sich einlassen

In der Bibel gibt es beides: Wir hören von alten Menschen, die sich lebenssatt zurückziehen. Wir begegnen aber auch alten Menschen, die gerade im Alter noch eine besondere Sendung haben, wie Simeon und Hanna. Simeon folgt der Eingebung des Heiligen Geistes in den Tempel und erkennt dort im Kind von Josef und Maria das Licht, das die Heiden erleuchtet. Als er das Kind in seine Arme nimmt, betet er: „Nun lässt du, Herr, deinen Knecht, wie du gesagt hast, in Frieden scheiden." (Lk 2,29) Er sieht sein Werk vollendet. Doch diesen prophetischen Satz musste er noch sagen, um auf das Kommende hinzuweisen, auf das Heil, das Gott der Welt in diesem Kind bereitet hat.

Hanna ist schon 84 Jahre alt. Sie hält sich ständig im Tempel auf und lobt Gott. Sie hängt nicht an ihrem Werk, sondern gibt sich dem Gebet hin. Als Maria und Josef das Kind im Tempel darbringen, tritt sie hinzu und spricht prophetisch über das Kind. Sie fühlt sich vom Heiligen Geist gedrängt, prophetische Worte auszusprechen, um die Bedeutung dieses Kindes den Menschen zu offenbaren. Gott hält manchmal für alte Menschen noch ein besonderes Werk bereit. Aber offensichtlich wählt Gott Menschen aus, die sich und ihr Werk losgelassen haben, die bereit sind, sich ganz und gar auf Gottes Willen einzulassen. Wenn solche alten Weisen ihre Stimme erheben, so ist sie frei von dem Druck, die Welt verändern zu wollen. Es ist vielmehr eine Stimme, die durchlässig ist für Gottes Stimme. Und sie ertönt oft nur einen Augenblick, gerade dann, wenn Gott durch sie sprechen möchte.

Wenn alte Menschen ihre Altersgrenze akzeptieren, dann gewinnt ihr Leben eine neue Fruchtbarkeit. Doch wer etwa in der Firma mit 60 Jahren noch genauso viel und auf gleiche Weise arbeiten möchte wie mit 30, der gerät fortwährend an seine Grenze. Ein Ingenieur wollte mit 58 Jahren als Teamleiter immer noch der Schnellste in seinem Team sein. Das führte ihn an seine Belastungsgrenze. Er musste Überstunden machen und litt zusehends an Schlaflosigkeit. Er musste erst lernen, sich von seiner Blütezeit zu verabschieden und mit seinen Grenzen auszusöhnen. Dann entdeckte er, dass er mit 58 Jahren andere Fähigkeiten hatte, nämlich dass er den jungen Mitarbeitern Sicherheit und Vertrauen vermitteln konnte. Nicht seine Schnelligkeit war gefragt, sondern seine Lebenserfahrung und Weisheit. Aber diese Weisheit kommt erst zum Vorschein, wenn Menschen ihre zeitliche Grenze annehmen und sich damit aussöhnen.

Die Bibel erzählt von Sara und Elisabeth, die noch im Alter fruchtbar werden und ein Kind gebären. Auch das ist ein schönes Bild. Im Alter will etwas Neues wachsen, etwas, das nicht mehr unser Werk ist, sondern Geschenk der Gnade Gottes. Im Lukasevangelium erklärt der Engel Gabriel Maria die Schwangerschaft der alten Frau Elisabeth: „Für Gott ist nichts unmöglich." (Lk 1,37) Wenn alte Menschen sich ganz und gar Gott überlassen, kann mit ihnen noch Großes geschehen, und die Frucht, die in ihnen wächst, kann für viele Menschen zum Segen werden. Aber es ist immer Gottes Werk und Gottes Gnade, die gerade dann wirkt, wenn der Mensch seine Grenze und seine Ohnmacht akzeptiert.

Eine indianische Legende

Es gibt eine schöne indianische Legende von zwei alten Frauen, die ein Nomadenstamm während eines bitterkalten Winters auf der Wanderung als unnütze Esser zurücklässt, damit sie in der Einsamkeit sterben. Die beiden Frauen sind tief verletzt. Doch dann sagt die eine: „Wir beklagen uns, sind nie zufrieden. Wir reden davon, dass es nichts zu essen gibt, und davon, wie gut es früher war, obwohl es in Wirklichkeit nicht besser war. Wir finden, dass wir schon so schrecklich alt sind. Und jetzt, nachdem wir so viele Jahre damit verbracht haben, die jüngeren Leute davon zu überzeugen, dass wir hilflos sind, glauben sie, dass wir in dieser Welt nicht mehr von Nutzen sind." Die beiden Frauen geben nicht auf. Sie kämpfen um ihr Dasein. Sie finden den Mut und den Willen, zu überleben. Und nun werden sie auf einmal zu Retterinnen für ihren Stamm. Sie finden genügend Fische und erlegen genügend Kaninchen, um zu überleben. Sie legen einen großen Vorrat an getrockneten Fischen an. Ihr Stamm aber, der sie ausgesetzt hat, gerät in der Zwischenzeit in große

Not. In seiner Verzweiflung und von schlechtem Gewissen geplagt, sendet der Häuptling Späher aus, um nach den beiden alten Frauen zu suchen. Sie finden sie schließlich wohlauf. Zunächst verhalten sich die Frauen abweisend. Sie sind zu verletzt. Sie möchten erst prüfen, wie der Stamm zu ihnen steht. Die Späher verbürgen sich mit ihrem Leben für die beiden alten Frauen. Daraufhin sind die Alten bereit, dem Stamm Nahrung zu liefern. Aber der Stamm soll in einiger Entfernung von ihnen wohnen. Erst nach und nach erlauben sie den Besuch der Leute. Und auf einmal entsteht eine neue Gemeinschaft. Die beiden Alten haben nicht nur mit ihren Vorräten dem Stamm das Leben gerettet, sondern sie haben durch ihren Willen zum Durchhalten und durch ihre Weisheit dem Stamm einen neuen Umgang mit alten und schwachen Menschen ermöglicht. Die beiden alten Frauen, die zuvor wehleidig über die Beschwerden ihres Lebens jammerten, haben ungeahnte Kräfte und Fähigkeiten entwickelt. Das ist ein schönes Bild für viele alte Menschen, die im Alter manche Wehleidigkeit ablegen und Neues in sich entdecken.

Neue Qualitäten

Mein ehemaliger Novizenmeister, Pater Augustin, der für mich ein Stück Altersweisheit verkörperte, sagte mir einmal, er hätte nie gedacht, dass Altwerden so schwer sei. Ich hatte von außen immer den Eindruck, dass ihm das Altwerden gelungen sei. Aber ihn hat es offensichtlich auch viel Kraft gekostet, sich zurückzunehmen und seine zunehmenden Altersbeschwerden anzunehmen und geduldig zu ertragen. Die Grenze des Alters anzunehmen heißt immer auch, sie zu erleiden. Als Organist litt Pater Augustin darunter, dass seine Finger jetzt nicht mehr so beweglich waren, dass er nicht mehr so spielen konnte, wie er es gerne gewollt hätte. Doch nach dem Mittagessen – wenn er die Kirche leer glaubte – setzte er sich an die Orgel und improvisierte auf eine Weise, dass sich immer wieder Menschen einfanden, die sich von seiner Musik verzaubern ließen. Seine Musik strahlte Stille, Langsamkeit, Weisheit, Sehnsucht und Liebe aus. Diese neue Qualität seines Orgelspiels wurde möglich, als er seine Grenzen akzeptiert hatte. Sein Spiel wurde für manch einen stillen Zuhörer zum Segen.

Der Staat hat eine klare Pensionsgrenze festgesetzt. Mit 65 Jahren muss man seine Arbeit beenden. Manche sind froh, nun endlich pensioniert zu sein und Zeit für sich zu haben. Aber nicht alle können gut damit umgehen. Einige fallen in einen Pensionierungsschock. Sie sind jetzt nicht mehr wichtig, haben nichts mehr zu sagen. Ein Universitätsprofessor erzählte mir, wie schwer es für ihn war, keine Sekretärin mehr zu haben, die ihm seine Reden schreiben konnte. Andere fallen entweder in eine Altersdepression oder fliehen vor sich selbst in hektische Betriebsamkeit. Im Kloster kennen wir keine Pensionierungsgrenze. Da können die älteren Mitbrüder so lange arbeiten, wie sie möchten. Das hat Vorteile, birgt aber auch Gefahren. Manchen gelingt es dann nicht, ihre Aufgabe loszulassen. Ob innerhalb oder außerhalb des Klosters: Es ist eine Kunst, mit der Altersgrenze gut, das heißt gelassen und achtsam umzugehen. Heute, da die Menschen immer älter werden, wäre es für viele gut, gerade diese Kunst zu lernen.

19. Die Grenze des Todes

Von der Gelassenheit im Endlichen

Fluchtwege aus der Angst

Der Mensch stößt in seinem Leben notwendig an die Grenze des Todes. Es ist Zeichen menschlicher Weisheit, diese Grenze zu akzeptieren. Schon der Psalmist betet: „Herr, tu mir mein Ende kund und die Zahl meiner Tage! Lass mich erkennen, wie sehr ich vergänglich bin." (Ps 39,5) Heinrich Fries hat Sterben die extremste Form der Erfahrung der Grenze genannt. Der Philosoph Karl Jaspers spricht von Grenzerfahrungen, die zur Existenz des Menschen gehören und denen wir uns stellen müssen: Leid, Kampf, Schuld und Tod. Nur so wird der Mensch sein Leben übersteigen auf „den ungegenständlichen, tragenden Grund des Existierens", auf die Transzendenz, die ihn erst wahrhaft leben lässt. Das Leben gelingt nur, wenn der Mensch sich dieser Grenze des Todes stellt und sie nicht verdrängt.

Der amerikanische Psychologe Irwin Yalom hat in seiner existentiellen Psychotherapie gezeigt, dass es für den therapeutischen Prozess notwendig ist, dass sich der Mensch mit der Angst vor dem Tod auseinandersetzt. Yalom kritisiert die Psychoanalyse Sigmund Freuds gerade deswegen, weil sie sich dieser Thematik nie gestellt hat. Seine Überzeugung: Der Mensch vermag seine neurotischen Lebensmuster nur zu heilen, wenn er sich mit dem Sterben beschäftigt und sich damit aussöhnt. Er zeigt, dass es vor allem zwei Weisen gibt, wie sich der Mensch der Angst vor dem Tod, und damit seiner eigenen Grenze, entziehen möchte.

Das ist einmal die Suche, etwas Besonderes zu sein. Man malt sich aus, dass man besonders begabt ist, dass bei einem selbst die Gesetze und damit auch die Grenzen nicht gelten, die für alle gelten. Menschen, die so leben, machen sich Illusionen über sich selbst, um der Begrenzung durch den Tod aus dem Weg zu gehen.

Die zweite Fluchtmöglichkeit besteht darin, sich an einen großen Retter zu hängen. Das kann der Therapeut sein oder der Ehepartner oder ein spiritueller Guru. Man verherrlicht einen Menschen und versucht, ständig in seiner Nähe zu leben. Davon erwartet man sich letztlich, dass man teil hat an dessen Todesüberwindung. Man projiziert in den Guru die Erwartung der eigenen Unsterblichkeit. Seine Grenzen, seine menschlichen Fehler und Schwächen übersieht man, und gleichzeitig wird er gleichsam vergöttlicht. Doch damit weicht man einem lebensnotwendigen Schritt aus: der Begegnung mit dem eigenen Tod, mit der eigenen Begrenztheit. Wenn dann solche Menschen, die im Schatten eines Guru ihre Grenzen verleugnet haben, in ihren Erwartungen enttäuscht werden, wenn sie erleben, wie man sie fallen lässt, dann wird es ihnen nur noch schwerer gelingen, sich mit ihren Grenzen auszusöhnen.

Einladung zum Leben

Ob das Leben eines Menschen gelingt, das hängt aber von seinem Umgang mit der letzten Grenze seines Lebens ab. Dabei wird mein Umgang mit der Grenze jeweils anders aussehen, je nachdem, wie ich mir das Jenseits dieser Grenze vorstelle. Wer davon ausgeht, dass nach dem Tode das Nichts kommt, wird dazu neigen, die Grenze des Todes zu verdrängen und so zu tun, als ob Sterben und Tod nur das Schicksal der anderen seien. Heinrich Fries hat das so formuliert: „Man kann gegen die Grenze protestieren, sich dagegen auflehnen – und muss erfahren, dass dies reine Vergeblichkeit ist. Daraus entsteht ein Verhalten, das das Leben als Absurdität, als Fluch und Sinnlosigkeit, als unnütze Leidenschaft ansieht." Der christliche Weg besteht darin, die Grenze des Todes anzuerkennen, aber zugleich daran zu glauben, dass für Gott diese Grenze nicht besteht. Christlicher Glaube sagt: Gott wird uns auch jenseits der Todesgrenze mit seiner Liebe erwarten. Jesus Christus hat in seiner Auferstehung die Grenze des Todes überwunden. Das Wort der Liebe, das er hier auf Erden uns zugesprochen hat, wird uns auch im Sterben begleiten. Wer an Gott als das Jenseits der Grenze glaubt, der wird die vielen Grenzerfahrungen, die er auf Erden macht, immer wieder als Hinweis auf die Grenzüberschreitung der Auferstehung wahrnehmen. Für den glaubenden Menschen ist der Tod kein fluchbeladenes Verhängnis, sondern, wie Heinrich Fries sagt, „die Pforte, die aus der Enge in die Freiheit führt und Vollendung des Lebens ist, das keinen Tod mehr kennt."

Jesus sagt in seiner Abschiedsrede, er gehe in seinem Tod hin, um uns einen Platz zu bereiten (Joh 14,2). Er überschreitet die Grenze des Todes und geht in die Wohnung Gottes, um sie für uns vorzubereiten. In der Eucharistie feiern die Gläubigen die Grenzüberschreitung Jesu. Da wird die Grenze zwischen Himmel und Erde, zwischen Leben und Tod aufgehoben, und wir werfen einen Blick über die Grenze hinaus. Dieser Blick über die Grenze ist keine Verwischung der Todesgrenze, kein Nichtwahrhabenwollen, sondern er will uns ermutigen, die Grenze unseres Todes zu akzeptieren. Wir können die Grenze unseres Todes nur annehmen, wenn wir wissen, dass in uns zugleich etwas ist, das durch diese Grenze nicht beschränkt werden kann. Dieses Grenzenlose in uns ist die Liebe. Gabriel Marcel hat die Liebe so definiert: Einen Menschen zu lieben, heißt, ihm zu sagen: „Du, du wirst nicht sterben." Die Liebe überschreitet die Grenze des Todes. Aber sie akzeptiert zugleich diese Grenze.

Die Grenze des Todes lädt uns ein, Ja zu sagen zu unserer menschlichen Begrenzung und zugleich zu unserer Grenzenlosigkeit, die uns Gott geschenkt hat. Diese Spannung gilt es auszuhalten. Dann vermögen wir die Grenze des Todes anzunehmen. Dann ist die Grenze des Todes eine Einladung, hier und jetzt bewusst und intensiv zu leben, den Geschmack der Fülle des Lebens zu erahnen. Ich muss nicht alles in diese begrenzte Zeit hineinpressen. Für manche ist die Grenze des Todes Anlass, sich zuviel zuzumuten. Die rastlose Hektik, die sie verbreiten, ist ein Protest gegen die Grenze, die der Tod ihnen setzt. Sie meinen, sie müssten möglichst viel leisten, möglichst viel erleben und möglichst viele Fähigkeiten entwickeln. Dieser Leistungsdruck widerspricht dem Akzeptieren unserer Grenze. Wenn ich sie annehme, dann bin ich dankbar für jeden Augenblick. Ich erlebe ihn in seiner Fülle. In dieser kurzen Zeit, in der ich ganz gegenwärtig bin, habe ich teil an allem. In dieser begrenzten Zeit erlebe ich die Grenzenlosigkeit der Ewigkeit. Ich bleibe der durch den Tod begrenzte Mensch und erlebe in der Grenze zu Gott gleichzeitig die göttliche Aufhebung aller Grenzen.

20. Vom Tod zum Leben übergehen

Von einem Leben in Fülle

Ewiges Leben – jetzt

Der Tod ist nicht nur eine Frage am Ende unseres zeitlichen Lebens. Johannes sieht in seinem Evangelium noch eine andere Grenze, die wir überschreiten müssen. Es ist nicht die Grenze unseres physischen Todes, der jeden am Ende seines Lebens trifft. Vielmehr meint Johannes, dass viele Menschen hier nicht eigentlich leben, sondern dass sie im Bereich des Todes sind. Wahres Leben heißt für ihn, zu glauben. Glauben ist für Johannes ein Hinüberschreiten aus dem Bereich des Todes in den Lebensbereich. Wer glaubt, „ist aus dem Tod ins Leben hinübergegangen." (Joh 5,24) Er ist – so könnte man die Aussage des Johannes übersetzen – „aus dem Tod ins Leben umgesiedelt". Es ist wie bei einem Wohnungswechsel. Der Tod ist wie eine Behausung, aus der der Mensch nicht ausbrechen kann. Dieser Bereich des Todes ist geprägt durch Blindheit und Oberflächlichkeit, durch Orientierungslosigkeit und Sinnlosigkeit, durch Leere und Entfremdung. Wir sehen nur die Oberfläche der Dinge. Wir geben uns zufrieden mit der Welt und ihren Maßstäben von Erfolg und Anerkennung, Zuwendung und Bestätigung. Wer glaubt, sieht die Welt so, wie sie eigentlich ist. Er sieht hinter die Dinge. Der Glaube ist für Johannes also ein Überschreiten einer Grenze. Wer glaubt, der übersteigt das Sichtbare. Er durchschaut die Dinge auf ihrem Grund. Er sieht sie als Ausdruck der schöpferischen Liebe Gottes. Und er erkennt in sich selbst das göttliche Leben. Er kommt in Berührung mit seinem Inneren. Und dort findet er Gott, der zu ihm spricht, der ihm die Augen öffnet für das Geheimnis der Liebe, das ihn durchdringt. Hören und Glauben sind die beiden Wege, wie der Mensch aus der Entfremdung zu seinem eigentlichen Leben gelangt, aus der Sinnlosigkeit in den Sinn, aus der Finsternis in das Licht. Durch Glauben und Hören vermag der Mensch sich selbst zu verstehen. Im Hören auf das Wort Jesu wird er richtig und hat daher das Gericht nicht mehr nötig. Er ist jetzt schon vom Tod zum Leben übergegangen. Darin besteht für Johannes das ewige Leben. Der Glaubende hat hier schon ewiges göttliches Leben in sich.

Ewiges Leben ist also für Johannes nicht in erster Linie das Leben nach dem Tod, sondern eine eigene Qualität von Leben. Es ist ein Leben, das jetzt schon das Ewige und Göttliche in sich birgt. Weil der Tod keine Macht hat über dieses göttliche Leben, wird das ewige Leben den Tod überdauern. Es ist weder der Todesgrenze noch der Zeit unterworfen. Das ewige Leben hat keine „Dauer", sondern ist Leben in jedem Augenblick, Leben in Fülle.

Vom Sinn der Übergangsrituale

In allen Religionen gibt es Übergangsrituale. Sie wollen dem Menschen helfen, eine bestimmte Grenze in seinem Lebensprozess zu überschreiten. In den Ritualen wird eingeübt, was Jesus seinen Jüngern verheißen hat: dass sie im Glauben jetzt schon aus dem Tod zum Leben hinübergehen. Schwellen machen Angst. Denn man weiß nicht, was einen jenseits der Schwelle erwartet. Rituale überwinden die Angst. Wichtige Übergangsrituale begleiten die Geburt des Menschen, sein Erwachsenwerden, den Beginn der Ehe, das Krankwerden und Sterben. Bei jedem Übergang passiert der Mensch eine Grenze. Es ist nicht nur eine zeitliche, sondern auch eine innere Grenze. Indem wir die zeitliche Grenze überschreiten, treten wir in einen neuen Bereich ein. Dieser Bereich wird von den Ritualen immer als innerer Ort gesehen. Die Übergangsrituale wollen uns helfen, aus einem zu eng gewordenen Bereich in den grenzenlosen Raum Gottes hinüberzugehen. In jedem Übergangsritual gehen wir aus dem Todesbereich in das Haus des Lebens über. Wir üben in diesen Ritualen den letzten Überschritt vom Tod zum Leben ein, der uns in unserem physischen Tod erwartet. Im Tod überschreiten wir endgültig die Schwelle zum ewigen Leben, zum göttlichen Leben. Da werden wir für immer im Haus des Lebens und im Haus der Liebe wohnen.

Individuation und Mystik

Gott hat in Jesus Christus auch unsere menschliche Natur mit seinem göttlichen Leben durchdrungen. Er hat die Grenze zu uns Menschen überschritten und ist mit uns eins geworden. Johannes hat mit seinem Evangelium auf die Sehnsucht der Menschen nach Eins-werden geantwortet. Die Sehnsucht, in der mystischen Erfahrung mit Gott zu verschmelzen und alle Grenzen aufzulösen, ist heute erneut erwacht. Dabei laufen wir Gefahr, dass wir in der Grenzenlosigkeit auch unsere eigene Individualität verlieren. Für C.G. Jung ist dieses Verschmelzen als Auflösen der eigenen Individualität ein Rückschritt in die „participation mystique", wie man sie in der Frühzeit der Völker kannte. Dort gibt es keinen Unterschied zwischen Subjekt und Objekt. Für Jung ist es Aufgabe der Therapie, die „participation mystique" aufzulösen, die Symbiose zu zerbrechen, damit der Mensch ganz er selbst werden kann. Jung nennt das den Prozess der „Individuation". Sie ist, wie Verena Kast herausgearbeitet hat, für ihn ein „Differenzierungsprozess, der die Entwicklung der individuellen Persönlichkeit zum Ziele hat." Die Verschmelzungsphantasien sind für ihn ein Rückschritt, eine Regression zur Großen Mutter, mit der man symbiotisch zusammenwächst. Die christliche Mystik hat immer festgehalten, dass bei allem Eins-werden doch der einzelne noch ganz er selbst ist. Sie spricht zwar auch vom Ich-Tod, damit meint sie aber das Loslassen des Egos, den Verzicht auf das egozentrische Vereinnahmen Gottes für sich selbst. Ich-Tod meint: sich in Gott hinein fallenlassen, sich loslassen, damit Gott in einem Wirklichkeit werden kann. Die Begegnung mit dem „Du" Gottes verlangt, dass ich die Enge meines Egos aufgebe, um mit dem ganz anderen Gott eins werden zu können. Aber in der Einheit bleibt das Wissen um die Dualität von Ich und Du. Es geschieht im Eins-werden mit Gott das, was Martin Buber als Geheimnis echter Begegnung erkannt hat: „Ich werde am Du." Ich finde mein wahres Sein erst, wenn ich ausbreche aus dem engen Ego und mich einlasse auf das ganz andere „Du" Gottes.

Verena Kast meint, Teresa von Avilas mystische Erlebnisse seien Verschmelzungserlebnisse gewesen. Doch sie haben sie nicht daran gehindert, kräftig in dieser Welt zu wirken. Und sie spricht Teresa von dem Vorwurf frei, „nur symbiotisch und nicht individuiert gewesen zu sein". Für Verena Kast ist es wichtig, dass wir bei der mystischen Erfahrung des Eins-werdens mit Gott zugleich die Grenze zwischen Gott und dem Menschen wahrnehmen. Sonst kommt es zu einer ungesunden Verschmelzung und letztlich zur Auflösung der Person. Das ist aber keine Individuation, keine Selbstwerdung, sondern eine Selbstauflösung. Wenn ich jedoch im Eins-werden mit Gott um die Grenze zwischen Gott und Mensch weiß, dann ist die Erfahrung des Einswerdens eine wichtige Hilfe auf dem Weg zum wahren Selbst.

Das Konzil von Chalzedon hat in einer sehr nüchternen und doch zugleich genialen Formulierung beschrieben, was im Einswerden mit Gott geschieht. Das Konzil spricht von der Menschwerdung Gottes in Jesus Christus. Jesus sei wahrer Gott und wahrer Mensch. Die Göttlichkeit ist in der Menschlichkeit, beide sind dennoch nicht vermischt. Der Mensch löst sich nicht in Gott auf und Gott sich nicht im Menschen. Der Mensch wird eins mit Gott, aber er bleibt er selbst, seiner eigenen Hinfälligkeit und Schwäche ausgeliefert. Nur so wird die mystische Verschmelzung nicht zur Regression, sondern zur Erfüllung unserer Menschwerdung. Wenn wir eins werden mit Gott, wenn das göttliche Leben nicht mehr von unserem menschlichen getrennt werden kann, wenn es aber zugleich unvermischt in uns ist, dann kommen wir zu unserem wahren Selbst, dann werden wir eins mit dem ursprünglichen und unverfälschten Bild Gottes in uns. Die Grenze zwischen Gott und dem Menschen bleibt, auch wenn beide miteinander verbunden sind.

Eine personale Beziehung

Die Grenze zwischen Gott und Mensch ist gerade die Voraussetzung für eine wirkliche Beziehung zwischen Gott und Mensch. Es ist eine Beziehung der Liebe, eine personale Beziehung. Dort, wo diese Beziehung aufgelöst wird, wo der Mensch in Gott hinein versinkt wie eine Welle im Meer, dort gibt es auch keine Schuld mehr. Denn es gibt keine Person mehr, die schuldig werden könnte. Schuld ist dann bloße Einbildung. Für manche ist das faszinierend, denn sie sind die christliche Rede von Sünde und Schuld leid. Sie möchten die engen Grenzen der Schuld überschreiten, verweigern damit aber letztlich ein Bewusstwerden und verwischen ihre Grenzen. Solche Einheitsmystik verliert unmerklich das Gespür für die Grenzen der Menschen. Wer aber Grenzen nicht mehr akzeptiert, überschreitet sie de facto und verletzt sie, ohne es zu merken. Von jemand, der sich dann verletzt fühlt, heißt es allenfalls, er sei nicht erleuchtet. Seine Verletzung sei bloße Einbildung. In der großen Einheit kann es ja keine Verletzung geben. Ich habe oft genug erlebt, wie Menschen, die von der großen Einheit sprachen, kein Gespür für die Grenzen der Menschen um sich herum hatten. Wenn diese anderen bei diesem Einheitsgefühl nicht mitgemacht haben, wurden sie gnadenlos fallen gelassen. Und der, der verletzt hatte, fühlte sich schuldlos. Ein spiritueller Guru sagte zu einer Frau, die eine schwierige Kindheit hinter sich hatte: „Du bist selbst verantwortlich für dein Leid. Du machst dir dein Leid selbst." Es war für sie eine tiefe Verletzung. Natürlich gibt es Menschen, die ihr Leid dadurch vergrößern, dass sie an der Illusion eines leidfreien Lebens festhalten, und natürlich gibt es auch die Verstärkung eigenen Leids durch Vorstellungen. Doch diese Frau hatte in ihrem Leben tatsächlich von anderen Menschen Schlimmes erfahren. Statt sich auf sie und ihre Verletzungsgeschichte einzulassen, machte sich der Guru eine Theorie über das Leid zurecht, das eigentlich nicht wirklich, sondern nur in der Vorstellung existiert: eine bequeme und ungerechte Theorie, die kein Gespür für menschliche Beziehung erkennen lässt und blind ist für die anderen und für deren reales Leid. Wer argumentiert, dass der Schrei des Leidenden nur zeige, dass er eben kein spiritueller Mensch sei, der verschanzt sich in Wirklichkeit hinter einem Einheitskonzept und lässt den anderen Menschen nicht an sich heran.

Es ist bequem, die Schuldfähigkeit des Menschen aufzuheben und sich in der Einheit mit Gott zu sonnen. Doch es ist ein gefährlicher Schritt in die Regression, in das Unbewusstsein – und gerade das Gegenteil Jung'scher Individuation. Echte Einheitsmystik, wie Evagrius Ponticus und Meister Eckehart sie verstanden haben, achtet immer auch die Grenze des Menschen. Die christlichen Mystiker sprechen dem Menschen nicht seine Schuldfähigkeit ab, sondern sehen darin sogar ein Zeichen für die Würde des Menschen. Weil der Mensch sich entscheiden kann zwischen Licht und Finsternis, zwischen Leben und Tod, vermag er auch in Schuld zu geraten. Schuld verweist immer auf die freie Person des Menschen. Und im Personsein besteht seine Würde.

Die letzte Grenzüberschreitung

Vom Tod zum Leben überzugehen, das meint für Johannes: von unserer menschlichen Existenz, die sich über die Welt und ihre Maßstäbe definiert, übergehen in die göttliche Welt, in eine Welt, in der wir uns von Gott her sehen, von Gottes Liebe durchdrungen, von Gott bedingungslos angenommen, mit göttlichem Leben begabt. Die größte Grenze, die der Mensch überwinden kann, ist die Grenze zu Gott. Wer diese Grenze überschreitet, der findet wirkliches Leben. Wir vermögen über diese Grenze zu gehen, weil Gott sie in der Menschwerdung für uns überschritten hat. Doch diese Grenzüberschreitung können wir nicht bewusst vollziehen. Sie geschieht an uns. Sie ist immer Geschenk und Gnade. Wir können uns im Gebet und in der Kontemplation nur vorbereiten. Wir können versuchen, im Glauben diese Welt zu überschreiten. Aber wie wir uns dann auf einmal jenseits der göttlichen Grenze in Gott selbst vorfinden, das können wir letztlich nicht mehr erklären. Das ist Wunder Seiner Gnade. Es ist kein bewusstes Überschreiten, sondern mehr ein Über-uns-Hinausgerissenwerden, eine Ekstase der Liebe, die mit uns geschieht, wenn wir unser Ego loslassen und uns in Gott hinein fallenlassen. Dann erfahren wir uns in Gott, sind mit Gott vereint, unvermischt und ungetrennt.

Schluss

Während wir an dem Buch über die Grenze schrieben, haben wir oft unsere eigene Grenze erlebt. Wir haben immer wieder selber gespürt, wie schwer es manchmal ist, sich richtig abzugrenzen, nicht schroff und kühl, sondern in guter Beziehung zu dem zu stehen, dem man die Grenze setzt. Und wir haben erfahren, wie oft Menschen versuchen, unsere Grenzen zu übergehen oder aufzuweichen. Es braucht eine große Klarheit, Konsequenz und eine innere Ruhe, um sich dadurch nicht verunsichern oder verärgern zu lassen.

Im Austausch über unsere Erfahrungen mit Grenzen und darüber, wie verschieden Menschen mit dem Thema Grenzverletzungen umgehen, haben wir auch immer wieder festgestellt, dass Männer und Frauen auch in dieser Hinsicht recht verschieden sind. Sobald Männer sich in ihren Grenzen verletzt fühlen, ziehen sie sich eher in ihre Höhle zurück. Sie wollen alles mit sich ausmachen. Sie bleiben in ihrer Höhle des Schweigens oder auch der Arbeit, bis die Wunde verheilt ist. Frauen haben eher das Bedürfnis, ihre Verletzungen zu besprechen. Sie möchten die Situation durch Kommunikation klären. Doch letztlich hat jeder Mensch – ob Mann oder Frau – eine andere Strategie, Grenzen zu setzen und zu achten bzw. auf Grenzverletzungen zu reagieren. Damit Begegnung gelingen kann, braucht es die Achtung vor der Verschiedenheit und Begrenztheit jedes einzelnen. Erinnern wir uns an das einleitend erwähnte Wort von Romain Rolland: Wir sollten die eigenen und die fremden Grenzen nicht nur achten, sondern sogar lieben. Das ist ein Schlüssel zum Gelingen des Lebens, ein Schlüssel zum Glück.

Wir haben auch nach dem Schreiben dieses Buches keine Garantie, dass uns das Abgrenzen immer gelingen wird. Wir spüren etwa, dass wir mit dem Älterwerden anders mit Grenzen umgehen müssen. Die Grenzen werden enger. So wird es immer eine Aufgabe bleiben, die eigenen Grenzen zu entdecken und zu schützen. Aber genauso wichtig ist es auch, ein Gespür für die Grenzen der anderen zu entwickeln und sie zu achten. Wir dürfen unsere Grenzen nicht für die anderen zur Norm machen. Jeder hat seine Grenze und seine Art und Weise, wie er mit seinen Grenzen umgeht. Darüber steht uns kein Urteil zu.

In der Beschäftigung mit dem Thema der Grenze ist uns auch aufgegangen, wie deutlich es in der Bibel und in den Märchen ausgesprochen wird: Damit das Leben des einzelnen gelingt, braucht es einen guten Umgang mit den Grenzen. Immer wieder zeigt sich in diesen alten Texten: Das Beachten der Grenzen ist eine wichtige Voraussetzung dafür, dass Beziehung gelingt und Begegnung fruchtbar wird. Begegnung gelingt, wenn ich die Grenze des anderen und meine eigene achte und zugleich immer auch überspringe. Die Begegnung lebt vom Respektieren und Überschreiten der Grenze. Wenn ich bei meiner Grenze stehen bleibe, kann ich den anderen nur von ferne betrachten. Wenn ich meine Grenze und die des anderen zu schnell überspringe, dann wird es keine Begegnung, sondern eine Vereinnahmung oder aber ein vorschnelles Verschmelzen. Wirkliche Begegnung geschieht immer an der Grenze. Ich erlebe den andern als Du in seinem Anderssein nur, wenn ich seine Grenze achte. Zugleich geschieht in der echten Begegnung immer Grenzüberschreitung. So fließt etwas zwischen dem anderen und mir hin und her. Über Grenzen hinweg findet dann ein

Austausch statt. Aber der Austausch setzt die Grenzen voraus. Ohne Grenzen verschwimmt alles, aber es strömt nicht hin und her. Alles löst sich auf in einen konturlosen Einheitsbrei der Emotionen.

Die Beziehung zwischen Freunden und Ehepaaren gelingt nur, wenn die Partner ein angemessenes Verhältnis von Nähe und Distanz, von Grenzsetzung und Grenzüberschreitung finden. Der richtige Umgang mit den Grenzen, den eigenen und denen des anderen, ist die Bedingung dafür, dass eine Partnerschaft hält und dass sie lebendig bleibt. Es ist immer eine Gratwanderung, die Grenze zu achten und sie zu überschreiten. Ein Zuviel an Abgrenzung lässt die Beziehung eintrocknen, ein Zuwenig führt zu einem Kleben am anderen, das die lebendige Beziehung lähmt. Es ist eine Kunst, mit den Grenzen gut umzugehen. Und diese Kunst der Balance müssen wir ein Leben lang lernen. Man kann nie sagen, man würde diese Kunst beherrschen. Denn das Verhältnis von Grenze und Grenzüberschreitung muss immer wieder neu austariert werden, je nach Alter, je nach innerer und äußerer Verfassung der Partner.

Auch die Beziehung zwischen Gott und Mensch lebt vom richtigen Umgang mit der Grenze. Der Mensch sehnt sich danach, mit Gott eins zu werden. Aber die Gefahr ist, dass er sich in dieser Sehnsucht selbst auflöst und sein Personsein zerstört. Die klassische Formel „unvermischt und ungetrennt" zeigt den Weg zum Eins-werden des Menschen mit Gott, das zugleich die Grenze zwischen Gott und Mensch achtet und wahrt. Die höchste Würde des Menschen – so sagen die frühen Mönche – besteht darin, im Gebet eins zu werden mit Gott. Aber um eins zu werden mit Gott, muss ich die Grenzen meines engen Egos überspringen. Ich muss von mir selbst Abstand nehmen, damit ich Gott nicht vereinnahme und in mein enges Ego zwänge. Zugleich darf ich mich nicht in Gott auflösen. Sonst wird das Eins-werden zu einer Regression, der zum Scheitern verurteilte Versuch des Rückschritts in die Einheit des Mutterschoßes. Wahres Eins-werden überspringt die Grenze zwischen Gott und Mensch und wahrt sie zugleich. Auch im Eins-werden bleibt Gott Gott und der Mensch Mensch. Im Akzeptieren dieser Grenze zwischen Gott und Mensch besteht für die Alten die Weisheit des Menschen. „Die Gottesfurcht ist aller Weisheit Anfang." (Spr 1,7) Gottesfurcht aber heißt, von Gott betroffen zu werden, von Gott als dem Gegenüber, als dem unbegreiflichen Geheimnis, aus dem heraus ein Du mich anspricht, um mir zu begegnen und mit mir eins zu werden.

So trifft das Thema der Grenze ganz zentral alle Bereiche unseres Lebens: unsere Arbeit, den Umgang mit uns selbst, unsere Beziehungen und unser spirituelles Leben. In all diesen Bereichen geht es darum, Grenzen zu setzen und Grenzen zu achten. Wir wünschen den Lesern und Leserinnen, dass sie für sich ihr Maß finden, Grenzen zu setzen und zu überschreiten und die eigenen und fremden Grenzen zu achten, damit ihre Begegnungen gelingen und ihr Leben immer mehr glückt.

Literatur

Thea Bauriedl, Leben in Beziehungen. Von der Notwendigkeit, Grenzen zu finden, Freiburg 1997.

Eugen Drewermann/Ingrid Neuhaus, Marienkind. Grimms Märchen tiefenpsychologisch gedeutet, Olten 1984.

Margrit Erni, Grenzen erfahren, Olten 1978.

Heinrich Fries, Grenze, S. 568–571, in: Christian Schütz (Hrsg.), Praktisches Lexikon der Spiritualität, Freiburg 1992.

Theresia Hauser, Grenzerfahrungen. Das Thema 20/77, München 1977.

Hans Jellouschek, Die Kunst als Paar zu leben, Stuttgart 1992.

Hans Jellouschek, Bis zuletzt die Liebe: Als Paar im Schatten einer tödlichen Krankheit, Freiburg 2002.

Barz, H. (Hrsg.): Carl G. Jung, Grundwerk VI: Psychologie und Alchemie, Olten 1985.

Niehus-Jung, M. (Hrsg.): Carl G. Jung, Gesammelte Werke VI: Psychologische Typen, Olten, 1960.

Carl G. Jung, Briefe III, Olten 1973.

Verena Kast, Wege aus Angst und Symbiose. Märchen psychologisch gedeutet, München 1987.

Thomas Leyener, Grenzerfahrungen, in: LThK 1040.

Henri J. M. Nouwen, Ich hörte auf die Stille, Freiburg 2004.

Horst Petri, Das Drama der Vaterentbehrung, Freiburg 2002.

Jan-Uwe Rogge, Kinder brauchen Grenzen, Hamburg 1993.

Peter Schellenbaum, Das Nein in der Liebe. Abgrenzung und Hingabe in der erotischen Beziehung, München 1986.

Velma Wallis, Zwei alte Frauen. Eine Legende von Verrat und Tapferkeit, München 1993.

Irvin D. Yalom, Existentielle Psychotherapie, Köln 2000.

Karl-Heinz Ziegler, Grenze, in: RAC 1095–1107.